民航运输类专业"十二五"规划教材

民航计算机订座实训

高文霞 主编
慕琦 主审

国防工业出版社

·北京·

内 容 简 介

本教材在参考中航信各类业务操作手册的基础上,对于内容做了精心取舍,合理组织,确保教材内容简洁实用。全书的内容大致可以分为四个部分:国内订座业务基础知识、国内自动出票业务基础知识、国内 BSP 电子客票主要操作基础、国际订座业务基础知识。教材内容的组织以日常生产流程为主线,包括系统注册、航班信息查询、旅客订座记录建立及处理、出票操作,以及电子客票的变更、作废、退票等。另外,本书在国内业务处理的基础上,引入国际业务的基础知识。本教材由浅入深、循序渐进展开各知识点的介绍,符合学生的认知规律,也方便教师组织教学。

本教材为针对实训教学的指导书,既体现了操作手册的实用性,又兼顾普通教材理论介绍的完整性,注重知识与技能的相互渗透,能够满足培养以就业为导向的应用型高技能人才的要求。本教材主要面向民航运输类、旅游类相关专业的在校学生和从事旅游产品分销的广大代理人,既可以作为普通高等院校、职业院校相关专业实训教材,也可作为代理人培训的参考用书。

图书在版编目(CIP)数据

民航计算机订座实训/高文霞主编. —北京:国防工业出版社,2022.1 重印
 民航运输类专业"十二五"规划教材
 ISBN 978-7-118-09601-9

Ⅰ.①民... Ⅱ.①高... Ⅲ.①民用航空 – 电子计算机 – 售票 – 商业服务 – 高等职业教育 – 教材 Ⅳ.①F560.6

中国版本图书馆 CIP 数据核字(2014)第 179536 号

※

国防工业出版社出版发行
(北京市海淀区紫竹院南路 23 号　邮政编码 100048)
北京富博印刷有限公司印刷
新华书店经售

*

开本 787×1092　1/16　印张 12　字数 233 千字
2022 年 1 月第 1 版第 3 次印刷　印数 7001—9000 册　定价 32.00 元

(本书如有印装错误,我社负责调换)

国防书店:(010)88540777　　　发行邮购:(010)88540776
发行传真:(010)88540755　　　发行业务:(010)88540717

《民航计算机订座实训》
编委会

主　编　高文霞

副主编　卢海南　许夏鑫

参　编　张敏娟　黎　颖　张　昭

主　审　綦　琦

前　言

当前,伴随着我国国内经济的平稳较快发展以及全球经济一体化的进一步加深,中国民航的发展迎来了新的历史机遇,同时,也面临着人力资源短缺的严峻挑战。为了解决这一突出问题,不仅民航各直属院校扩大了人才培养规模,而且越来越多的其他各类院校也纷纷开设了民航相关专业。民航计算机订座实训课程是民航运输专业的核心专业课程,也是民航运输信息管理、航空乘务与旅游、航空会展、民航电子商务等专业的必修课程。该课程重在培养学生的实际操作技能,以满足航空公司客票销售、机票代理、呼叫中心、机场客服等工作岗位的用人要求。但是,目前公开出版的适用于该课程实训教学的教材较少,现有教材知识过于陈旧。为了能编写出一本符合学生认知规律、真正适用于各专业院校开展民航计算机订座实训教学的优秀教材,编写组成员在参考中航信各类业务操作手册的基础上,广泛听取一线教师的意见,并组织计算机分销领域的资深专家提供素材、指导编写工作。

本书由广州民航职业技术学院高文霞主编,綦琦主审。全书由高文霞负责统稿。具体编写分工如下:学习单元一、学习单元五至学习单元十由高文霞编写,学习单元二、学习单元三由卢海南编写,学习单元四由卢海南、许夏鑫共同编写,附录由卢海南编写。

本书在编写过程中,得到了中航信的研发人员、客服人员,以及长期从事分销业务的业内资深专家的大力支持,在此,谨向上述单位和个人表示衷心感谢。

由于编者水平有限,时间仓促,书中难免存在疏漏及错误,恳请广大读者和行业专家予以批评指正。

高文霞

目 录

学习单元一 民航计算机分销系统概述 ··· 1
  第一节 民航计算机分销系统简介 ··· 1
    一、CRS 系统的主要功能 ··· 1
    二、系统的安装和配置 ··· 2
  第二节 系统注册 ··· 2
    一、进入系统 ··· 2
    二、登录工作号 SI ·· 3
    三、修改密码 AN ··· 4
    四、临时退出 AO ··· 4
    五、恢复临时退出 AI ··· 5
    六、退出系统 SO ··· 6
  第三节 公用信息查询 ··· 6
    一、静态信息查询 ·· 6
    二、功能帮助系统 ·· 7
    三、代码与全称查询 ··· 7
    四、日期和时间查询与对比显示 ··· 8
    五、翻页功能 ··· 9
  思考题 ··· 10

学习单元二 航班信息查询 ··· 11
  第一节 查询航班座位可利用情况 ·· 11
    一、指令格式 ·· 11
    二、指令格式说明 ··· 11
    三、应用举例 ·· 12
  第二节 查询最早可利用航班 ··· 17
    一、指令格式 ·· 17
    二、指令格式说明 ··· 17
    三、应用举例 ·· 17
  第三节 查询航班班期 ·· 18
    一、指令格式 ·· 18

二、指令格式说明 ······ 18
　　三、应用举例 ······ 18
　第四节　航班经停点及起降时间的显示 ······ 19
　　一、指令格式 ······ 19
　　二、应用举例 ······ 19
　第五节　查询航班飞行情况 ······ 19
　　一、指令格式 ······ 20
　　二、格式说明 ······ 20
　　三、应用举例 ······ 20
　思考题 ······ 21
学习单元三　票价查询 ······ 22
　第一节　查询国内公布运价 ······ 22
　　一、指令格式 ······ 22
　　二、指令格式说明 ······ 22
　　三、应用举例 ······ 23
　第二节　票价使用规则 ······ 24
　　一、指令格式 ······ 24
　　二、指令格式说明 ······ 24
　　三、应用举例 ······ 24
　第三节　路线限制 ······ 25
　　一、指令格式 ······ 25
　　二、指令格式说明 ······ 25
　　三、应用举例 ······ 25
　思考题 ······ 26
学习单元四　旅客订座记录 ······ 27
　第一节　PNR 概述 ······ 27
　　一、订座 PNR ······ 28
　　二、出票 PNR ······ 28
　第二节　订座 PNR 建立 ······ 28
　　一、姓名组 ······ 28
　　二、航段组 ······ 30
　　三、联系组 ······ 34
　　四、出票组 ······ 35
　第三节　PNR 的生效 ······ 36
　　一、指令格式 ······ 36
　　二、指令格式说明 ······ 36

三、应用举例 …………………………………………………………………… 36
第四节　订座PNR建立实例 ………………………………………………………… 38
　　一、单程订座PNR实例 ………………………………………………………… 38
　　二、含有两个连续航段的订座PNR实例 ……………………………………… 40
　　三、含有两个不连续航段的订座PNR实例 …………………………………… 42
　　四、含有ARNK地面运输航段的订座PNR实例 ……………………………… 43
　　五、含有OPEN航段的订座PNR实例 ………………………………………… 45
　　六、多名旅客来回程订座PNR实例 …………………………………………… 46
第五节　PNR中的其他组项 ………………………………………………………… 48
　　一、特殊服务组(SSR) ………………………………………………………… 48
　　二、其他服务情况组(OSI) …………………………………………………… 50
　　三、备注组(RMK) ……………………………………………………………… 52
第六节　机上座位预订 ……………………………………………………………… 53
　　一、指令格式 …………………………………………………………………… 53
　　二、预留座位流程 ……………………………………………………………… 54
　　三、应用举例 …………………………………………………………………… 54
第七节　PNR的提取 ………………………………………………………………… 56
　　一、根据记录编号提取PNR …………………………………………………… 56
　　二、根据旅客姓名提取PNR …………………………………………………… 57
　　三、根据旅客名单提取PNR …………………………………………………… 58
　　四、提取完整的PNR …………………………………………………………… 59
　　五、返回到PNR的现行部分 …………………………………………………… 60
第八节　PNR的取消 ………………………………………………………………… 61
　　一、取消旅客 …………………………………………………………………… 61
　　二、取消组项 …………………………………………………………………… 62
　　三、取消整个PNR ……………………………………………………………… 63
第九节　PNR的修改 ………………………………………………………………… 64
　　一、姓名组的修改 ……………………………………………………………… 64
　　二、其他组项的修改 …………………………………………………………… 64
　　三、分离PNR …………………………………………………………………… 64
第十节　PNR的还原 ………………………………………………………………… 65
第十一节　团体PNR处理 …………………………………………………………… 67
　　一、团体PNR的建立 …………………………………………………………… 67
　　二、团体PNR的分离 …………………………………………………………… 69
　　三、团体PNR的取消 …………………………………………………………… 71
思考题 ………………………………………………………………………………… 72

学习单元五　CRS 自动出票操作 ………………………………………… 73
第一节　出票 PNR 建立 …………………………………………………… 73
一、出票 PNR 的构成 ……………………………………………… 73
二、出票 PNR 中相关指令说明 …………………………………… 74
三、国内运价自动计算指令 ………………………………………… 77
第二节　打票指令 …………………………………………………………… 79
一、打印纸质客票 …………………………………………………… 79
二、打印电子客票 …………………………………………………… 80
第三节　出票实例 …………………………………………………………… 80
一、直接出票实例 …………………………………………………… 80
二、预先订妥座位 PNR 出票实例 ………………………………… 82
思考题 …………………………………………………………………… 83

学习单元六　打票机控制 …………………………………………………… 84
第一节　打票机 ……………………………………………………………… 84
一、打票机简介 ……………………………………………………… 84
二、查看打票机 ……………………………………………………… 85
第二节　控制打票机 ………………………………………………………… 88
一、建立打票机控制 EC …………………………………………… 88
二、打开打票机输入状态 TI ……………………………………… 89
三、打开打票机输出状态 TO ……………………………………… 89
四、关闭打票机输入状态 XI ……………………………………… 89
五、关闭打票机输出状态 XO ……………………………………… 90
六、更改打票机工作状态 TE ……………………………………… 90
七、清除打票机内的积压票 DQ …………………………………… 91
八、输入票号 TN …………………………………………………… 91
九、退出打票机控制 XC …………………………………………… 91
思考题 …………………………………………………………………… 92

学习单元七　BSP 国内电子客票 …………………………………………… 93
第一节　查看授权信息 ……………………………………………………… 93
第二节　票证信息查询 ……………………………………………………… 94
第三节　电子客票出票 ……………………………………………………… 96
一、电子客票订座及出票流程 ……………………………………… 96
二、成功出票举例 …………………………………………………… 97
三、出票失败举例 …………………………………………………… 98
四、出票重试指令 …………………………………………………… 99
五、提取电子客票记录 ……………………………………………… 102

  第四节 电子客票的更改 ·················· 104
    一、航班变更流程 ························· 104
    二、变更旅客身份标识信息 ··················· 107
  第五节 电子客票的作废 ·················· 109
  第六节 电子客票的退票 ·················· 110
  第七节 电子客票的挂起与解挂 ··············· 113
  第八节 电子客票日常销售统计 ··············· 113
    一、当天日销售统计 ······················· 113
    二、当前报告期的销售统计 ··················· 115
  思考题 ································ 115

学习单元八 Q 信箱处理 ················· 116
  第一节 Q 信箱简介 ····················· 116
    一、Q 信箱的意义 ························ 116
    二、Q 信箱的种类 ························ 116
  第二节 Q 信箱处理 ····················· 117
    一、Q 信箱处理的工作流程 ··················· 117
    二、Q 信箱处理实例 ······················· 118
  思考题 ································ 120

学习单元九 国际订座基础 ················ 121
  第一节 代理人系统的航班数据来源 ············ 121
    一、中国民航代理人系统的航班数据来源 ············ 121
    二、CRS 系统与国内航空公司系统的连接 ··········· 122
    三、CRS 系统与国外航空公司系统的连接 ··········· 122
  第二节 查询航班座位可利用情况 ············· 122
  第三节 订座处理 ····················· 124
    一、状态代码及行动代码 ···················· 124
    二、记录编号返回 ························ 125
  第四节 旅客信息输入 ··················· 126
    一、护照等证件信息 ······················· 126
    二、旅客居住地及目的地信息 ·················· 127
    三、旅客的其他信息 ······················· 127
    四、DAPI ···························· 127
  思考题 ································ 129

学习单元十 SITA 运价查询 ··············· 130
  第一节 公布票价的查询 ·················· 130
    一、两点间公布票价的显示 XS FSD ··············· 130

二、显示票价注解 XS FSN ··· 131
　　三、票价以另一种货币显示 XS FXC ··································· 134
第二节　PNR 建立后的运价计算 ··· 135
　　一、QTE 显示运价计算结果 ··· 135
　　二、显示运价计算横式 XS FSQ ··· 137
　　三、显示运价附加规则 XS FSG ··· 139
第三节　国际客票出票实例 ·· 140
　　一、国际客票出票 PNR 建立实例 ····································· 140
　　二、国际客票出票实例 ··· 140
思考题 ··· 141
附录一　国内外航空公司代码 ··· 142
附录二　国内主要城市/机场三字代码 ······································ 144
附录三　国际主要城市/机场三字代码 ······································ 149
附录四　国家或地区代码 ·· 160
附录五　美国各州的两字代码 ··· 166
附录六　常见出错信息提示汇总 ·· 168
附录七　常见机型代码 ··· 170
附录八　主要国家或地区货币三字代码表 ································· 174
附录九　世界主要航空分销系统代码 ······································· 179
参考文献 ··· 180

学习单元一　民航计算机分销系统概述

实训目的和要求

(1) 了解中航信 CRS 系统的基本功能和工作方式；
(2) 掌握查看 PID 号的方法；
(3) 了解工作区的概念；
(4) 掌握登录系统的相关操作。

实训内容

(1) 进入 CRS 系统；
(2) 查看 PID 号和活动工作区；
(3) 临时退出系统并恢复；
(4) 修改密码；
(5) 退出 CRS 系统。

第一节　民航计算机分销系统简介

目前，在中国大陆境内，进行民航航班座位分销所使用的系统主要是中国民航信息网络股份有限公司(中航信)研发的 eTerm 系统。该系统包括订座系统(含 ICS 系统和 CRS 系统)、离港系统、货运系统三个大型主机系统，担负着处理中国民航重要信息的重任。下面，重点介绍 CRS(Computer Reservation System)系统的相关操作。

一、CRS 系统的主要功能

中航信 CRS 系统，主要用户为广大的客运销售代理人，系统能够提供如下功能：中国民航航班座位分销、国外民航航班座位分销、BSP 自动出票、运价查询、常旅客管理、机上座位预订、旅馆订房等非航空旅游产品分销、旅游信息查询、订座数据统计与辅助决策分析等功能。代理人应用 CRS 系统，可以进行航班信息的查询、旅客座位的预订、出票、打印行程单等业务操作。

二、系统的安装和配置

要使用中航信的 CRS 系统开展分销业务，首先得下载安装 eTerm 软件，并进行相关参数的配置。该软件下载地址为：http://www.eterm.com.cn/caci/eterm/index-cn.jsp。

安装过程简单方便，安装完成后，即可进行相关参数的配置，过程如下：

打开 eTerm 软件，单击菜单"设置"→"设置系统参数"，即可看到如下对话框：

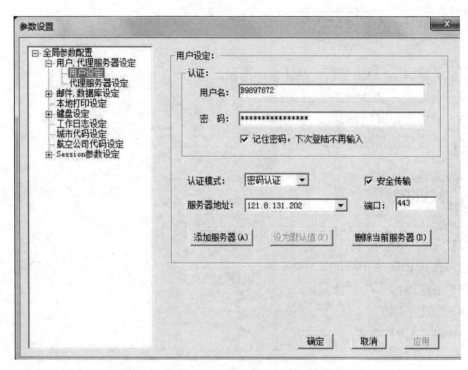

eTerm 软件的认证方式有密码认证和地址认证两种方式。如果使用密码认证方式，则需添加对应的服务器地址，端口选择 443，勾中"安全传输"复选框。如果选择地址认证，则应事先设置好本机的 IP 地址、子网掩码以及默认网关，然后在上述对话框中添加对应的服务器地址，端口为 350，不必勾中"安全传输"复选框。只有按规定设置好上述各项参数后(相关参数来自于中航信配置部门的文件)，本地机器才能和远端的服务器连接，系统才能正常运行。

第二节 系统注册

一、进入系统

中航信 eTerm 系统是一个大型的主机系统，如果要进入其代理人分销系统，应输入如下指令：

>$$OPEN TIPC3

提交后系统显示:

SESSION PATH OPEN TO: TIPC3

这就表示已经进入了 CRS 系统。

进入系统之后,营业员可以使用 DA 指令查看工作号是否已登录,以及本台终端的 PID 号。

指令格式:

>DA:

例 1-1：

>DA:

```
A        AVAIL
B        AVAIL
C        AVAIL
D        AVAIL
E        AVAIL
PID   = 2215     HARDCOPY = 1112
TIME  = 0947     DATE = 19DEC     HOST = LILY
AIRLINE = 1E     SYSTEM = CAAC01  APPLICATION = 3
```

说明:

A~E：表示五个工作区。

AVAIL：表示当前工作区为可用状态。

PID = 2215：本台终端的 PID 号为 2215。

PID 号是一个非常重要的参数,用来唯一地标识一台终端。

二、登录工作号 SI

进入系统后,如果营业员要进行航班信息查询、订座等业务处理,必须先用自己的工作号作登录操作。

指令格式:

>SI：工作号 密码（级别）

例 1-2： CAN999 部门的某个营业员,其工作号为 57583,密码为 5432Z,要进行登录,应输入:

>SI:57583/5432Z

提交后系统显示:

CAN999 SIGNED IN A

说明该工作号已登录到 A 工作区。

此时，如果用>DA 指令查看，结果如下：

```
A *      57583     20DEC   1049   41   CAN999
B        AVAIL
C        AVAIL        活动工作区的标志
D        AVAIL
E        AVAIL
PID    = 2215     HARDCOPY = 1112
TIME   = 1049     DATE = 20DEC      HOST = LILY/B
AIRLINE = 1E      SYSTEM = CAAC01   APPLICATION = 3
```

说明：

A *：表示 A 工作区是当前的活动工作区。

为了提高安全性，SI 指令还提供了一种暗行输入的方式，方法如下：

>SI：（提交）

此时，光标会置于屏幕最后一行，接着输入"工作号/密码"，所输入的内容不在屏幕上显示，这样就提高了密码的安全性。

三、修改密码 AN

每一个工作号都有密码，为了防止工作号被他人盗用，营业员应该保管好自己的密码。如果需要修改密码，应使用 AN 指令。

指令格式：

>AN：旧密码/新密码

例 1-3：

>AN：6666A/54321Z

提交后系统输出：

ACCEPTED

表示密码已成功修改。

说明：

密码由四到六位数字加一位字母组成，并且不能设置为 12345A(或 12345a),因为系统将所有工作号的密码初始化为 12345A。

四、临时退出 AO

在工作过程中，如果营业员需要临时离开，出于安全考虑可以选择临时退出工作区。

指令格式：

>AO：

提交后系统显示：

AGENT A-OUT

说明工作号已由 A 工作区临时退出，此时，如果用 DA 指令查看，结果如下：

```
A        57583      20DEC   1049     41   CAN999
B        AVAIL
C        AVAIL      活动工作区的标志
D        AVAIL
E        AVAIL
PID   = 2215     HARDCOPY = 1112
TIME  = 1049     DATE = 20DEC     HOST = LILY/B
AIRLINE = 1E     SYSTEM = CAAC01  APPLICATION = 3
```

说明：

A：工作区无*号，未激活，不可使用。

五、恢复临时退出 AI

在工作员临时退出系统以后，如需返回原工作区继续工作，需要使用 AI 指令。

指令格式：

>AI：工作区号/工作号/密码

例 1-4：

>AI A/57583/54321Z

提交后系统显示：

AGENT A-IN

说明工作号 57583 又恢复进入到 A 工作区工作。

此时，如果用 DA 指令查看，结果如下：

```
A *      57583      20DEC   1049     41   CAN999
B        AVAIL
C        AVAIL      活动工作区的标志
D        AVAIL
E        AVAIL
PID   = 2215     HARDCOPY = 1112
TIME  = 1049     DATE = 20DEC     HOST = LILY/B
AIRLINE = 1E     SYSTEM = CAAC01  APPLICATION = 3
```

六、退出系统 SO

当营业员结束正常工作，应使用 SO 指令退出系统，以防工作号被他人盗用。
指令格式：
>SO；
提交后系统显示：
CAN999 57583 SIGNED OUT A
表示 CAN999 部门的工作号 57583 已退出系统。
此时，如果使用 DA 指令查看，结果如下：

```
A        AVAIL
B        AVAIL
C        AVAIL
D        AVAIL
E        AVAIL
PID    = 2215     HARDCOPY = 1112
TIME   = 0947     DATE = 19DEC       HOST = LILY
AIRLINE = 1E      SYSTEM = CAAC01    APPLICATION = 3
```

第三节　公用信息查询

一、静态信息查询

工作人员进入系统时，将会看到一些公告信息，如：
>SI 57583/54321B

```
CAN999   SIGNED IN A
*中国航信市场部将于 2013 年 8 月在华东凯亚上海及各地营业部
 举办<BSP 自动出票操作>,<中国 BSP 教程>初复训,
 <国内客运上岗证>初训等,详情请见：    YI:TRAIN/TZ99
*请已升级大字库地区的代理人使用 eTerm3.83 以上版本为旅客
 出票                                 YI:TRAVEL/TZ613
*长荣航空——感恩大回馈                YI:BR/TZ461
****************************************************
*南航北方分公司 8 月 9 日起增加沈阳至长白山第二班. YI:CZ/TZ781
*关于吉祥航空新增杭州=普吉国际航线的通告  YI:HO/TZ219
*4 人即可成团,预订更便捷,票价更优惠——厦航团体网
                                       YI:MF/TZ216         +
```

说明：

(1) 这些公告信息是中航信根据航空公司或有关部门的要求，将公告内容输入系统中。如内容过多不便显示，将会把详细内容输入 YI 文件中，利用 YI 指令可查询详细内容。如欲了解"长荣航空——感恩大回馈"的详细内容,营业员可输入

>YI：BR/TZ461

(2) 登录系统后，营业员在工作过程中，如果想重新显示公告信息，可以输入指令：

>SIIF：

二、功能帮助系统

CRS 系统中的指令繁多，营业员在工作当中遗忘某些指令在所难免，此时，可以借助系统提供的 HELP 指令，来查询相关指令的使用方法。

指令格式：

>HELP：功能指令

例 1-5：查询 AV 指令的使用方法。

>HELP：AV

```
***如何使用指令 ---> AV***
显示座位可利用情况.
格式1：提供城市对
例 AV:PEKJFK 10DEC/1100/CA/C1
格式2：指定经停站
例 AV:PEKJFK/10DEC/1100/5/MU/ORD45
格式3：提供航班号
例 AV:CA981/PEKSHA/5
格式4：全部座位等级座位情况显示
例 AV:C/2
```

三、代码与全称查询

(一) 查询某城市/机场的三字代码

指令格式：

>CNTD:T/城市名

例 1-6：

>CNTD:T/GUANGZHOU

```
CAN  GUANGZHOU  CN
```

(二) 根据三字代码查询对应城市

指令格式：

>CD：三字代码

例 1-7：

>CD：PEK

```
PEK,BJS/AA,CAPITAL AIRPORT,BEIJING,CN,Z0,N40:03.9,E116:36.0
```

四、日期和时间查询与对比显示

(一) 日期显示

指令格式：

>DATE：日期/ 天数/ 天数

指令格式说明：

(1) 默认日期表示当天；

(2) 结果将显示相关日期及星期几。

例 1-8： >DATE：

```
+0   13FEB14 THU
+1   14FEB14 FRI
+5   18FEB14 TUE
+10  23FEB14 SUN
+15  28FEB14 FRI
+20  05MAR14 WED
+25  10MAR14 MON
+30  15MAR14 SAT
```

例 1-9： 显示 8 天及 25 天以后的日期。

>DATE：8/25

```
+0   13FEB14 THU
+8   21FEB14 FRI
+25  10MAR14 MON
```

(二) 时间查询与对比显示

指令格式：

>TIME：城市/ 日期/ 时间/ 城市

指令格式说明：

(1) 日期及时间默认表示当前时间；

(2) 默认城市表示终端所在地。

例 1-10：对比显示广州和东京的时间。

\>TIME:CAN/TYO

	CAN	TYO
TIME DIFF	0.0	1.0
12HR LOCAL	08:32P	09:32P
24HR LOCAL	2032	2132
DATE	13FEB	13FEB
UTC（GMT）	1232	1232
UTC +/-	8.0	9.0

例 1-11：对比显示纽约时间 2015 年 1 月 1 日零点的北京和伦敦时间。

\>TIME:NYC/1JAN15/0000/BJS/LON

	NYC	BJS	LON
TIME DIFF	0.0	13.0	5.0
12HR LOCAL	12:00M	01:00P	05:00A
24HR LOCAL	0000	1300	0500
DATE	01JAN	01JAN	01JAN
UTC（GMT）	0500	0500	0500
UTC +/-	-5.0	8.0	0.0

五、翻页功能

当返回结果的内容多于一页时，系统提供了显示当前页、下页、最前页、最后页等的对应功能。对应指令如下：

>PN	下页	PAGE NEXT
>PB	前页	PAGE BACK
>PF	最前页	PAGE FIRST
>PL	最后页	PAGE LAST
>PG	重新显示当前页	PAGE

在上述指令的后面加 1 表示全屏显示：如 >PN:1 （PB:1、PF:1、PL:1、PG:1）

思 考 题

1. 管理员在做配置时，能不能将一个 PID 号同时指定给两台终端？
2. 营业员的工作号能不能跨部门使用？
3. 中航信 eTerm 系统的认证方式有哪几种？

学习单元二　航班信息查询

实训目的和要求

(1) 掌握在 CRS 系统中查看座位可利用情况的操作方法；
(2) 掌握系统自动检索最早有座位航班的操作方法；
(3) 掌握航班班期的查询方法；
(4) 掌握查看航班经停点及起降时间的方法；
(5) 掌握查看航班飞行情况的方法。

实训内容

(1) 利用 AV 指令查询航班座位可利用情况；
(2) 利用 FV 指令查询最早有座位的航班；
(3) 利用 SK 指令查询航班班期；
(4) 利用 FF 指令查询航班的经停点及起降时间；
(5) 利用 DSG 指令查看航班飞行情况。

第一节　查询航班座位可利用情况

AV 指令用于查询航班座位可利用情况及其相关航班信息，如航班号、舱位、起飞时间、到达时间、经停点个数等，是一个非常重要的指令。

一、指令格式

AV：选择项/城市对/日期/起飞时间/航空公司代码/经停标识/座位等级

二、指令格式说明

(1) 选择项有以下几种：
　　P　　查询结果按照起飞时间先后顺序排列
　　A　　查询结果按照到达时间先后顺序排列

E 查询结果按照飞行时间由短到长排列

其中，P/A/E 均不选，显示结果默认为按照起飞时间先后顺序排列

H 查询结果显示航班的全部舱位子舱位，对于代码共享航班，将显示实际承运航班号

(2) 城市对为必选项，其余为可选项。

(3) 日期的输入格式为 DDMMM；若不加日期，则默认显示当天的航班信息，也可以用"."表示当天，用"+"表示明天，"-"表示昨天。

(4) 经停标识：

D 仅显示直达航班

N 仅显示无任何经停的航班

其中，D/N 均不选，则显示指定日期的所有航班。

三、应用举例

例 2-1：查询 12 月 15 日上海到北京的航班的座位可利用情况。
>AV:SHABJS/15DEC

```
15DEC(SUN)  SHABJS
 1  2     3        4   5     6       7      8    9 10 11 12   13                14                           15
1- *ZH1862   PVGPEK 0730    0945    330  0^S    E    DS# FA YA BA MA HA KA LA Q5 GS SA*
 2  CA1862   PVGPEK 0730    0945    330  0^S    E    DS# FA A2 O1 YA BA MA HA KA LA Q5*
 3 *ZH1858   SHAPEK 0755    1015    744  0^B    E    DS# F8 CA YA BA MA HA KA L4 QS GS*
 4  CA1858   SHAPEK 0755    1015    744  0^B    E    DS# F8 A5 O2 CA DA Z6 JS I4 R2 YA*
 5  HU7604   SHAPEK 0820    1045    738  0^     E    DS# F8 Z4 PS AQ YA BA HA KA LA MA*
 6  MU5145   SHAPEK 0830    1050    76A  0^S    E    DS# FA PQ AQ YA BA MQ EQ HQ KQ LQ*
 7 *ZH1590   SHAPEK 0855    1115    33A  0^B    E    DS# FA YA BA MA H5 KS LS QS GS S8*
 8  CA1590   SHAPEK 0855    1115    33A  0^B    E    DS# FA A2 O1 WA YA BA MA H5 KS LS*
 9+ FM1018   PVGPEK 0900    1100    333  0 S    E    DS# YR KR BR ER HR LR MR NR RR SR*
16
** HO FLIGHT DEPARTURE/ARRIVAL AT PVG T2 FROM 18DEC12
** HO PVG CHECK IN 45 MINUTES BEFORE DEPARTURE
```

说明：

1 对应航班序号。2 对应代码共享标识。3 对应航班号。4 对应起飞机场。5 对应到达机场。6 对应起飞时间。7 对应到达时间。8 对应飞机机型。9 对应经停点

个数。10 对应 ASR 标识。11 对应餐食标志。12 对应电子客票标识。13 对应连接协议级别，DS#是最高的协议级别，表示无缝连接；若显示 AS#，则表示该航班作过变更。

14 对应舱位及座位可利用情况，其中座位可利用情况代号：

A　　　可以提供 9 个以上座位；

1～9　　可以提供 1～9 个座位，这种情况下系统显示具体的可利用座位数；

L　　　没有可利用座位，但旅客可以候补；

Q　　　永久申请状态，没有可利用座位,但可以申请(HN)；

S　　　因达到限制销售数而没有可利用座位，但可以候补；

C　　　该等级彻底关闭，不允许候补或申请；

X　　　该等级取消，不允许候补或申请；

Z　　　座位可利用情况不明，这种情况有可能在外航航班上出现。

15 对应*表示还有其他子舱位未显示：

如果希望查看某个航班的所有子舱位，可以使用"AV C/航班序号"，或"AV 航班号/日期"的格式做进一步查询；如果希望看到所有航班的所有子舱位，AV 查询时加选择项 H(参见例 2-2)。

16 对应"−"表示前面还有内容，可以用 PB 指令翻到上一页查看；"+"表示后面还有内容，可以用 PN 指令翻到下一页查看。

例如：>PN

```
15DEC(SUN)  SHABJS

1-   MU5103   SHAPEK 0900    1120    333 0ˆ    E   DS# FA PQ YA BQ MQ EQ HQ KQ LQ NQ*
2    MU5129   PVGPEK 0905    1145    323 0ˆ    E   DS# FA PQ YA BQ MQ EQ HQ KQ LQ NQ*
3    MU564    PVGPEK 0915    1145    321 0ˆ    E   DS# JA CQ DQ IQ YA BQ MQ EQ HQ KQ*
4    CA789    SHAPEK 0925    1050    738 0ˆS   E   DS# FR AR YR BR MR HR KR LR QR GR*
5    MU5105   SHAPEK 1000    1220    333 0ˆS   E   DS# FA PQ YA BQ MQ EQ HQ KQ LQ NQ*
6    CA1832   SHAPEK 1055    1315    33A 0ˆS   E   AS#FA A2 O1 WZ YA BA MA HA KA L5*
7   *ZH1832   SHAPEK 1055    1315    33A 0ˆS   E   AS#FA YA BA MA HA KA L5 QS GS SA*
8    HU7608   SHAPEK 1055    1320    738 0ˆ    E   DS# F8 Z4 PS AQ YA BA HA KA LA MA*
9+   MU5107   SHAPEK 1100    1320    333 0ˆ    E   DS# FA PQ YA BQ MQ EQ HQ KQ LQ NQ*
**  HO FLIGHT DEPARTURE/ARRIVAL AT PVG T2 FROM 18DEC12
**  HO PVG CHECK IN 45 MINUTES BEFORE DEPARTURE
```

例 2-2：完整显示 12 月 22 日北京到西安的航班的所有子舱位的可利用情况。

>AV:H/BJSSIA/22DEC

```
22DEC(SUN) BJSSIA
1-  CA1203  DS# F8 A2 01 YA BA MA HA KA LA Q8       PEKXIY 0720   0920   738 0^S  E
>               GS SA X5 N3 VS UA TS ES                            T3 T2  2:00
2  *ZH1203  DS# F8 YA BA MA HA KA LA Q8 GS SA       PEKXIY 0720   0920   738 0^S  E
>   CA1203      VS UA TS ES                                        T3 T2  2:00
3   HU7137  DS# F8 ZQ PQ AQ YA BA HA KA LA MA       PEKXIY 0745   0945   738 0^   E
>               QQ XQ UQ EQ TQ V5 NA WQ GS OQ SQ                   T1 T2  2:00
4   MU2102  DS# FA P8 AQ YA BA MA EA HA KA LA       PEKXIY 0750   0950   333 0^S  E
>               NA RA SA VQ TQ GQ ZA QA UQ X5                      T2 T3  2:00
5   CA1231  DS# FA AQ OQ YA BA MA HA KA LA QQ       PEKXIY 0835   1030   321 0^S  E
>               GQ SA X5 N3 VQ UA TQ EQ                            T3 T2  1:55
6  *ZH1231  DS# FA YA BA MA HA KA LA QQ GQ SA       PEKXIY 0835   1030   321 0^S  E
>   CA1231      VQ UA TQ EQ                                        T3 T2  1:55
7   CA1289  DS# F8 A2 01 YA BA MA HA KS LS QS       PEKXIY 0930   1130   738 0^S  E
>               GS SA X5 N3 VS UA TS ES                            T3 T2  2:00
8  *ZH1289  DS# F8 YA BA MA HA KS LS QS GS SA       PEKXIY 0930   1130   738 0^S  E
>   CA1289      VS UA TS ES                                        T3 T2  2:00
    17                                                              18  19   20
```

说明：

17 对应实际承运航班号。18 对应出发航站楼。19 对应到达航站楼。20 对应空中飞行时间。

接上面指令，可以用指令 **AV:RA/29DEC** 查询回程座位可利用情况——12 月 29 日西安到北京的航班座位可利用情况。

>AV:RA/29DEC

```
29DEC(SUN) SIABJS
1-  MU2101  DS# FR PR YR BR MR ER HR KR LR NR       XIYPEK 0802   0943   325 0^S  E
>               RR SR VR TR GR ZR QR                               T3 T2  1:41
2   HU7238  DS# F8 ZQ PQ AQ YA BQ HQ KQ LQ MQ       XIYPEK 0805   0950   738 0^   E
>               QQ XQ UQ EQ TQ VQ WQ GS OQ SQ                      T2 T1  1:45
3  *ZH1206  DS# AS FQ YA BS MS HS KS LS QS GQ SA    XIYPEK 0840   1030   32A 0^S  E
>   CA1206      VQ UA TS ES                                        T2 T3  1:50
```

(续)

```
4    CA1206   AS# FQ A2 O1 YA BS MS HS KS LS QS   XIYPEK 0840   1030   32A 0^S  E
>             GQ SA NS VQ UA TS ES                              T2 T3   1:50
5+   MU2103   DS# F8 P6 YA BA MA EA HA KA LQ NQ   XIYPEK 0855   1050   320 0^S  E
>             RQ SQ VQ TQ GQ ZA QS                              T3 T2   1:55
```

例 2-3：完整显示 12 月 15 日广州到长春的直达航班的座位可利用情况。
>AV:H/CANCGQ/15DEC/D

```
15DEC(THU) CANCGQ DIRECT ONLY
1-   CZ6852   DS# F8 PQ WA SQ YA BQ MQ HQ KQ UQ  CANCGQ 0800   1200   319 0^C  E
>             LQ QQ EQ VQ ZQ TQ NQ R5 GQ XC                             4:00
2    CZ3605   DS# F8 P2 WA SQ YA BA MA HA KA UA  CANCGQ 0935   1345   320 0^L  E
>             LA QQ EQ VQ ZQ TQ NQ RA GQ XC                             4:10
3    CZ6342   DS# F8 P4 WA SQ YA BA MA HA KA UQ  CANCGQ 1315   1710   320 0^L  E
>             LQ QQ EQ VQ ZQ TA NQ R7 GQ XC                             3:55
4    CZ634    DS# J8 CQ DQ IQ OQ WA SQ YA BQ MQ  CANCGQ 2030   0020+1 320 0^C  E
>             HQ KQ UQ LQ QQ EQ VQ ZQ TQ NQ RA GQ XC                    3:50
5   *CA3387   DS# F8 YA BQ MQ HQ KQ LQ QQ GQ VQ  CANCGQ 0840   1345   320 1^   E
>    ZH9657       EQ TQ UA SQ                                           5:05
6+   ZH9657   DS# F8 PQ AQ OQ DQ YA BQ MQ HQ KQ  CANCGQ 0840   1345   320 1^   E
>             LQ JQ QQ ZQ GQ VQ WQ EQ TQ UA SQ X2 NQ                    5:05
```

请对比下面的查询结果：

完整显示 12 月 15 日广州到长春的航班的座位可利用情况。
>AV:H/CANCGQ/15DEC

```
15DEC(THU)  CANCGQ
1-   CZ6852   DS# F8 PQ WA SQ YA BQ MQ HQ KQ UQ  CANCGQ 0800   1200   319 0^C  E
>             LQ QQ EQ VQ ZQ TQ NQ R5 GQ XC                             4:00
2    CZ3605   DS# F8 P2 WA SQ YA BA MA HA KA UA  CANCGQ 0935   1345   320 0^L  E
>             LA QQ EQ VQ ZQ TQ NQ RA GQ XC                             4:10
3    CZ6342   DS# F8 P4 WA SQ YA BA MA HA KA UQ  CANCGQ 1315   1710   320 0^L  E
>             LQ QQ EQ VQ ZQ TA NQ R7 GQ XC                             3:55
4    CZ634    DS# J8 CQ DQ IQ OQ WA SQ YA BQ MQ  CANCGQ 2030   0020+1 320 0^C  E
>             HQ KQ UQ LQ QQ EQ VQ ZQ TQ NQ RA GQ XC                    3:50
5    ZH9657   DS# F8 PQ AQ OQ DQ YA BQ MQ HQ KQ  CANCGQ 0840   1345   320 1^   E
```

15

(续)

```
>                LQ JQ QQ ZQ GQ VQ WQ EQ TQ UA SQ X2 NQ          5:05
6  *CA3387  DS# F8 YA BQ MQ HQ KQ LQ QQ GQ VQ   CANCGQ 0840   1345   320 1^   E
>  ZH9657       EQ TQ UA SQ                                        5:05
7+ MU5316   DS# F8 PQ YA BQ MQ EQ HQ KQ LQ NQ   CANPVG 0745   0955   320 0^S  E
>               RQ SQ VQ TQ GQ ZA QQ                           -- T1 2:10
   MU5683   DS# F8 P2 YA BA MA EA HA KA LA NA   CGQ 1130   1355   320 0^L  E
>               RA SA VQ TQ GQ ZA QA                           T1 --  6:10
```

例 2-4：完整显示 12 月 15 日广州到长春的无经停航班的座位可利用情况。
>AV:H/CANCGQ/15DEC/N

```
15DEC(THU) CANCGQ NON-STOPS ONLY
1- CZ6852   DS# F8 PQ WA SQ YA BQ MQ HQ KQ UQ   CANCGQ 0800   1200   319 0^C  E
>               LQ QQ EQ VQ ZQ TQ NQ R5 GQ XC                       4:00
2  CZ3605   DS# F8 P2 WA SQ YA BA MA HA KA UA   CANCGQ 0935   1345   320 0^L  E
>               LA QQ EQ VQ ZQ TQ NQ RA GQ XC                       4:10
3  CZ6342   DS# F8 P4 WA SQ YA BA MA HA KA UA   CANCGQ 1315   1710   320 0^L  E
>               LQ QQ EQ VQ ZQ TA NQ R7 GQ XC                       3:55
4+ CZ634    DS# J8 CQ DQ IQ OQ WA SQ YA BQ MQ   CANCGQ 2030   0020+1 320 0^C  E
>               HQ KQ UQ LQ QQ EQ VQ ZQ TQ NQ RA GQ XC              3:50
```

请将查询结果与例 2-3 中的查询结果进行对比，看看有什么区别。

例 2-5：完整显示 12 月 15 日广州到长春的南航航班的座位可利用情况。
>AV:H/CANCGQ/15DEC/CZ

```
15DEC(SUN) CANCGQ VIA CZ
1- CZ6852   DS# F8 PQ WA SQ YA BQ MQ HQ KQ UQ   CANCGQ 0800   1200   319 0^C  E
>               LQ QQ EQ VQ ZQ TQ NQ R5 GQ XC                       4:00
2  CZ3605   DS# F8 P2 WA SQ YA BA MA HA KA UA   CANCGQ 0935   1345   320 0^L  E
>               LA QQ EQ VQ ZQ TQ NQ RA GQ XC                       4:10
3  CZ6342   DS# F8 P5 WA SQ YA BA MA HA KA UA   CANCGQ 1315   1710   320 0^L  E
>               LQ QQ EQ VQ ZQ TA NQ RA GQ XC                       3:55
4  CZ634    DS# J8 CQ DQ IQ OQ WA SQ YA BQ MQ   CANCGQ 2030   0020+1 320 0^C  E
>               HQ KQ UQ LQ QQ EQ VQ ZQ TQ NQ RA GQ XC              3:50
5  CZ3203   DS# F8 PQ WA SA YA BA MA HA KA UA   CANXIY 0750   1025   320 0^C  E
>               LA QA EA VA ZA T6 N5 R5 GQ XC                   -- T3 2:35
```

(续)

	CZ6570 >	DS# F8 PQ WA SQ YA BQ MQ HQ KQ UQ LQ QQ EQ VQ ZQ TQ NQ R5 GQ XC		CGQ 1655	2125	320 1^C E T3 -- 13:35
6+	CZ3521 >	DS# F8 P3 WA SQ YA BA MA HA KA UA LA QQ EQ VQ ZQ T2 NQ RA GQ XC	CANHGH	0805	1005	320 0^C E 2:00
	CZ6629 >	DS# FA PQ WA SQ YA BQ MQ HQ KQ UQ LQ QQ EQ VQ ZQ TA NA RA GQ XC		CGQ 1345	1620	321 0^C E 8:15

说明：

AV 查询时加上航空公司两字代码，订座系统将只显示该航空公司的航班信息。

第二节 查询最早可利用航班

FV 指令可以用来查询指定条件下最早有座位的航班信息，显示结果与 AV 的显示结果相似。它会对选定日期以后的航班进行检索，直到找到符合指定条件的最早可提供座位的航班。该指令只能查询中国民航的航班信息。

一、指令格式

FV：选择项/城市对/日期/起飞时间/座位数/航空公司/舱位

二、指令格式说明

(1) 选择项有以下几种：
P　　显示结果按照起飞时间先后顺序排列；
A　　显示结果按照到达时间先后顺序排列；
E　　显示结果按照飞行时间由短到长排列；
不选　　默认为 P。
(2) 城市对为必选项，其余为可选项。

三、应用举例

例 2-6：查找 10 月 20 日北京到上海 11：00 左右及以后的国航头等舱有 5 个座位的最早航班。

>FV:PEKSHA/20OCT14/1100/5/CA/F

```
21OCT14(TUE) BJSSHA VIA CA F
1+  CA1835  PEKPVG 2000   2215   330 0^S E   DS# FA AS 01 YA BS MS HS KS LS QS*
 **  CZ3000/3100/6000 PLEASE CHECK IN 45 MINUTES BEFORE DEPARTURE AT PEK
 **  HU7000-HU7899 PLEASE CHECK IN 30 MINUTES BEFORE DEPARTURE AT PEK
```

注意:

系统在指定日期当天没有找到满足条件的航班,自动向后搜索,在 21 日找到了满足条件的最早航班为 CA1835,将其显示出来。

第三节 查询航班班期

SK 指令可以查询一城市对在特定周期内所有航班的信息,包括航班号、出发时间、到达时间、舱位、机型、周期和有效期限。

一、指令格式

SK：选择项/城市对/日期/时间/航空公司代码/舱位

二、指令格式说明

(1) 选择项有以下几种：

P   显示结果按照起飞时间先后顺序排列；
A   显示结果按照到达时间先后顺序排列；
E   显示结果按照飞行时间由短到长排列；
不选   默认为 P。

(2) 城市对为必选项,其余为可选项。

(3) SK 指令所显示出的航班信息的时间段为指定日期和前后各三天,共一周的时间。

三、应用举例

例 2-7：查询 6 月 25 日前后各三天,西安到三亚的航班时刻。
>SK:XIYSYX/25JUN

```
22JUN14(SUN)/28JUN14(SAT)  XIYSYX

1-  CZ6320   XIYSYX 1500   1800   320 0 D  E          27OCT   DS# AFPJCDIOWSYBMHKUL*
2   3U8511   XIYSYX 0700   1135   319 1 S  E   X246 30MAR24OCT FPAYBTWHMGSLQEVUR*
3   ZH9679   XIYSYX 0845   1250   320 1    E        30MAR25OCT FPAODYBMHKLJQZGVW*
4   3U8689   XIYTNA 0730   0910   319 0 S  E        30MAR25OCT FPAYBTWHMGSLQEVUR*
    3U8800   SYX    1825   2200   320 0 S  E                DS# FPAYBTWHMGSLQEVUR*
5   MU2125   XIYKMG 0745   0950   320 0 S  E          27OCT   DS# FPAYBMEHKLNRSVTGZ*
    MU5745   SYX    1900   2050   733 0 D  E                DS# FPAYBMEHKLNRSVTGZ*
6+  MU2303   XIYCAN 0755   1020   320 0 S  E          27OCT   DS# FPAYBMEHKLNRSVTGZ*
    CZ6736   SYX    1150   1315   733 0    E                DS# AFPJCDIOWSYBMHKUL*
```

说明：

(1) 显示结果的第一行是 SK 指令所查询的时间范围，即 2014 年 6 月 22 日至 6 月 28 日之间执行的航班。

(2) 从第二行开始的航班显示包括航班序号、航班号、城市对、起飞时间、到达时间、机型、经停点个数、餐食标志、电子客票标识、班期、有效日期、连接级别、座位等级。

(3) 以第三行为例,航班号是 3U8511,城市对为 XIYSYX,起降时间分别是 0700 和 1135,机型是 319,1 表示该航班有 1 个经停点，S 是餐食标识，E 是电子客票的标识，X246 表示除星期二、星期四、星期六以外每天都有该航班，30MAR24OCT 是 3U8511 航班执行的周期，FPAYBTWHMGSLQEVUR 是该航班有的舱位，即从 3 月 30 日至 10 月 24 日期间除星期二、星期四、星期六以外 3U8511 航班都按这一条的内容执行。

第四节 航班经停点及起降时间的显示

指令 FF 可以查询航班的经停城市、起降时间和机型。

一、指令格式

>FF：航班号/日期

二、应用举例

例 2-8：查询 12 月 19 日 CZ3787 航班的经停情况。

>FF:CZ3787/19DEC

```
FF:CZ3787/19DEC13
CAN          0950      319
WEH   1300   1350
HRB   1525
```

说明：

显示结果的第一行：CAN 是出发机场，0950 是出发时间，319 是飞机机型 A319；第二行：WEH 是经停机场，1300 是到达经停机场的时间，1350 是在经停机场起飞的时间；第三行：HRB 是目的地机场，1525 是到达目的地机场的时间。

第五节 查询航班飞行情况

DSG 指令可以显示指定日期指定航段上的航班信息，返回结果信息丰富，包括航班的起飞降落城市、起飞降落时间、空中飞行时间、空中飞行距离、经停点数、航班机型、餐食等。这些信息便于旅客掌握旅行中的航班动态。

一、指令格式

格式1：
>DSG：完整显示项/航班号/座位等级/日期/航段
格式2：
>DSG：完整显示项/PNR 中的航段序号

二、格式说明

(1) 完整显示项为 C。
(2) 若当前已存在 PNR，则可通过格式 2 查询。
(3) 除航班号外，其他参数为可选项。
(4) 如果不指定日期，系统默认为当天。

三、应用举例

例 2-9：用 DSG 完整显示 12 月 19 日 CZ3787 航班的信息。
>DSG:C/CZ3787/Y/19DEC

```
CZ3787   Y (THU)19DEC        CAN       0950      319 L
                 1300    WEH (50) 1350      319
                 1525    HRB ELAPSED TIME  5:35 DIST 0M
```

说明：

CZ3787 是航班号，Y 是舱位，THU 是星期四，19DEC 是日期，CAN 是起飞机场，0950 是起飞时间，319 是机型，L 是餐食，1300 是到达时间，WEH 是经停点，50 是经停时间(50 分钟)，1350 是在经停点的起飞时间，319 是机型，1525 是到达目的地机场的时间，HRB 是目的地机场，ELAPSED TIME 5:35 是空中飞行时间(5 小时 35 分钟)，DIST 0M 是空中飞行里程(其单位为英里，系统中未录入该航班的飞行里程)。

例 2-10：完整显示 12 月 19 日 CA981 航班的信息。
>DSG:C/CA981/Y/19DEC

```
CA981    Y (THU)19DEC        PEK       1300     773 BC 0 0
                 1430    JFK ELAPSED TIME 14:30 DIST 0M
```

例 2-11：查询 PNR HR48P6 中的第 2 段和第 3 段航班的信息。
>RT:HR48P6

```
MARRIED SEGMENT EXIST IN THE PNR
 1.LI/LINA MS HR48P6
 2.  AA186  Y1  MO30DEC  PEKORD HK1     1010 0910        SEAME
```

3. AA2771 Y1 MO30DEC ORDYUL HK1   1005 1310   SEAME
4. CAN/T CAN/T 020-38114969/GUANG DONG ZONG HENG TIAN DI ELECTRIC SHANG LV/WAN
   LIMING ABCDEFG
5. 13633667899
6. TL/0810/30DEC/CAN911
7. RMK AA/DKIXMR
8. CAN911

>DSG:C/2/3

```
AA186    Y (MON)30DEC        PEK       0655    777 BS 0 0
                        0535    ORD ELAPSED TIME 12:40
AA2771   Y (MON)30DEC        ORD       0950    ERD F 0 0
                        1255    YUL ELAPSED TIME  2:05
```

思 考 题

1. 查询 12 月 27 日北京到成都的航班的座位可利用情况。

2. 完整显示 2 月 21 日广州到北京的航班的座位可利用情况，并说明航班的代码共享情况和到达的航站楼情况。

3. 查询 3 月 12 日海口到哈尔滨的航班情况，并查询经停航班的经停点。

4. 完整显示 3 月 12 日海口到哈尔滨的直达航班情况，请对比上题的查询结果。

5. 完整显示 4 月 9 日长春到广州的无经停航班的情况。

6. 完整显示 1 月 10 日东航的上海到武汉的航班的座位可利用情况，并说明出发的航站楼情况。

7. 查询 10 月 1 日广州到三亚南航最早的 3 个头等舱座位的航班。

8. 查询 11 月 10 日前后各三天广州到汕头的航班班期情况。

9. 完整显示 12 月 29 日 CA965 航班的飞行情况。

学习单元三 票价查询

实训目的和要求

(1) 掌握国内公布运价的查询方法;
(2) 掌握查看票价使用规则的方法;
(3) 掌握查看票价路线限制的方法。

实训内容

(1) 查询国内城市对之间的公布运价;
(2) 查询票价的使用规则;
(3) 对于有路线限制条件的运价查看其路线限制条件。

第一节 查询国内公布运价

FD 指令用于查询国内航空公司国内段票价。

一、指令格式

格式 1:
>FD:城市对/日期/航空公司代码
格式 2:
>FD:序号

二、指令格式说明

(1) 格式 1 中的城市对是必选项。票价与时间有着密切的关系。不同时期,票价也会不同。票价显示中不加日期,以前的票价和现在的票价都会显示出来。查询当前的票价时,建议营业员在城市对后面加上日期及航空公司代码,这样会比较简洁明了。也可以使用"+、-、."表示明天、昨天、今天。

(2) 格式 2 的使用前提是先操作 AV 指令查询航班的情况,再使用 FD 指令加上 AV 查询结果中航班前的序号。

三、应用举例

例 3-1:查询 12 月 30 日南航广州到北京首都机场的票价。
>FD CANPEK/30DEC/CZ

```
                                         1     2
FD:CANPEK/30DEC13/CZ              /CNY /TPM  1967/
 01 CZ/A      /  5950.00=11900.00/A/F/  .  /01JAN12   /CZ08 >PFN:01
 02 CZ/FOW    /  5100.00         /F/F/     /01JAN13   /CZ08 >PFN:02
 03 CZ/FRT    /          9860.00/F/F/      /01JAN13   /CZ11 >PFN:03
 04 CZ/COW    /  4250.00         /C/C/  .  /01JAN13   /CZ08 >PFN:04
 05 CZ/P      /  4250.00= 8500.00/P/F/     /01JAN13   /CZ09 >PFN:05
 06 CZ/CRT    /          8160.00/C/C/   .  /01JAN13   /CZ11 >PFN:06
 07 CZ/D      /  3400.00= 6800.00/D/C/     /01JAN13   /CZ09 >PFN:07
 08 CZ/W      /  1700.00= 3400.00/W/Y/     /01JAN12   /CZ08 >PFN:08
 09 CZ/Y      /  1700.00= 3400.00/Y/Y/  .  /01JAN12   /CZ08 >PFN:09
 10 CZ/T      /  1530.00= 3060.00/T/Y/     /01JAN12   /CZ09 >PFN:10
 11 CZ/K      /  1450.00= 2900.00/K/Y/     /01JAN12   /CZ09 >PFN:11
 12 CZ/H      /  1360.00= 2720.00/H/Y/     /01JAN12   /CZ09 >PFN:12
 13 CZ/M      /  1280.00= 2560.00/M/Y/     /01JAN12   /CZ09 >PFN:13
 14 CZ/G      /  1190.00= 2380.00/G/Y/     /01JAN12   /CZ09 >PFN:14
 15 CZ/S      /  1110.00= 2220.00/S/Y/     /01JAN12   /CZ09 >PFN:15
 16 CZ/L      /  1020.00= 2040.00/L/Y/     /01JAN12   /CZ09 >PFN:16
 17 CZ/Q      /   940.00= 1880.00/Q/Y/     /01JAN12   /CZ09 >PFN:17
 18 CZ/E      /   850.00= 1700.00/E/Y/     /01JAN12   /CZ09 >PFN:18
 3  4  5       6          7       8 9       10         11
PAGE 1/2
12
```

说明:

1 对应票价单位即货币币种。2 对应开票里程。3 对应序号。4 对应航空公司。5 对应票价类别。6 对应单程票价。7 对应来回程票价。8 对应订座舱位。9 对应服务舱位等级。10 对应票价有效期。11 对应规则编号。12 对应查询结果,共两页,当前为第一页,可以通过翻页指令 PN 查看后面的查询结果。

第二节 票价使用规则

PFN 指令可以用来查询某种票价的使用条件。

一、指令格式

格式 1：
>PFN:序号

格式 2：
>PFN:规则编号/承运人

二、指令格式说明

格式 1 中的序号为 FD 查询结果中的序号。

三、应用举例

例 3-2：查询第一节中例 3-1 的查询结果中的序号 18 的票价使用条件。
>PFN:18

```
>PFN18
去程/回程>PFN:18//01  适用规定         乘机者
预订规定               运价组合>PFN:18//05  团队规定
支付/出票             退票规定>PFN:18//08  变更规定>PFN:18//09
扩充规定               其他规定         全部规则>PFN:18

***运价组合方式***
允许单独销售
允许与所有运价组合销售，允许缺口，允许往返


***退票规定***
指定条件允许自愿退票
1 旅客类型:不限 航程种类:OW 适用舱位:FAC 运价基础:不限   客票使用情况:全部未使用
出票后:不限 未使用的首个航班起飞前:0小时到无穷小时
计算已用航段票价:无 计算未使用航段退票费:比例%,最低收费金额  未用税款:可退

2 旅客类型:不限 航程种类:OW 适用舱位:PDW 运价基础:不限   客票使用情况:全部未使用
出票后:不限 未使用的首个航班起飞前:0小时到无穷小时
计算已用航段票价:无 计算未使用航段退票费:比例5%,最低收费金额  未用税款:可退
PAGE 1/5
```

说明：

查询结果共有 5 页，可以通过翻页指令查看。其中的运价组合、退票规定、变更规定等可以通过指令查询，如查询变更规定可以输入指令">PFN:18//09"。

```
>PFN18//09
去程/回程>PFN:18//01   适用规定        乘机者
预订规定              运价组合>PFN:18//05  团队规定
支付/出票             退票规定>PFN:18//08  变更规定>PFN:18//09
扩充规定              其他规定        全部规则>PFN:18
***变更规定***
指定条件允许自愿变更
1 旅客类型:不限 航程种类:不限 适用舱位:不限 运价基础:不限 客票使用情况:不限
航班起飞:不限 允许免费:0次 升舱:允许 变更费计算:百分比
计算方式:使用订座舱位公布运价 百分比:10% 最低收费金额:0CNY
新运价计算方式:使用现销售日期计算运价 差额/变更费:累加差额和变更费用

PAGE 1/1
```

第三节 路线限制

指令 PFR 可以查看票价的航路限制条件。

一、指令格式

>PFR：序号

二、指令格式说明

指令 PFR 中的序号为 FD 查询结果中的序号，即使用 PFR 指令前需要先执行 FD 指令。

三、应用举例

例 3-3：查询 2007 年 10 月 9 日广州到哈尔滨的票价，并查看路线限制条件。
>FD:CANHRB/09OCT07/HU

```
>FDCANHRB/09OCT07/HU
FD:CANHRB/09OCT07/HU                    /CNY /TPM  3119/
01 HU/Y        / 2540.00= 5080.00/Y/Y/  /  .  /21AUG04 06DEC07/002 /R>PFN:01

PAGE 1/1
```

说明：

查询结果中的"R"表示该票价存在路线限制，可以通过>PFR:01查询路线限制情况。如下：

>PFR:01

```
>PFR01
PFR:01        /09OCT07/HU
00 * CAN-HU-PEK-HU-HRB
01 * HRB-HU-PEK-HU-CAN

PAGE 1/1
```

说明：

指令 PFR 的查询结果表示广州到哈尔滨，需要经过北京首都机场，才可以使用上面价格。

思 考 题

1. 查询 11 月 8 日广州到成都的票价。
2. 查询 12 月 11 日东航三亚到西安的票价，并查看第 10 行票价的使用条件。
3. 查询 11 月 10 日哈尔滨到广州的票价，并查看票价的路线限制情况。

学习单元四　旅客订座记录

实训目的和要求

(1) 了解建立 PNR 的意义；
(2) 掌握不同种类旅客、不同类型航段散客 PNR 建立的方法；
(3) 掌握 PNR 提取、修改及取消的方法；
(4) 掌握团体 PNR 处理的方法；
(5) 掌握机上座位预订的操作方法。

实训内容

(1) 一名成人旅客单程基本订座 PNR 建立；
(2) 一名成人旅客连续航段订座 PNR 建立；
(3) 一名成人旅客缺口程订座 PNR 建立；
(4) 多名成人旅客来回程订座 PNR 建立；
(5) 成人携带儿童订座 PNR 建立；
(6) 成人携带婴儿订座 PNR 建立；
(7) 含有特殊服务组的订座 PNR 建立；
(8) VIP 旅客订座 PNR 建立；
(9) 机上座位预订；
(10) PNR 的提取；
(11) PNR 的分离；
(12) 减少 PNR 中的旅客人数；
(13) 团体 PNR 建立；
(14) 团体 PNR 分离；
(15) 团体 PNR 取消。

第一节　PNR 概述

旅客订座记录的英文全称是 Passenger Name Record，英文缩写是 PNR，它反映了旅客的姓名、航程、联系方式、身份证件等信息。

PNR 的最主要的作用是订座,还可以出票、建立常旅客信息、预订酒店房间等。PNR 根据作用的不同可以分为订座 PNR 和出票 PNR。

一、订座 PNR

建立订座 PNR 的主要目的是为旅客预订航班上的座位,订座 PNR 中必须包括如下组项:

(1) 姓名组;
(2) 航段组;
(3) 联系组;
(4) 出票时限组。

另外,也可以包含如下可选组项:备注组、特殊服务组、其他服务信息组等。

二、出票 PNR

出票 PNR 则是在订座 PNR 的基础上增加了票价等信息,以便完成出票的操作。出票 PNR 中必须包括的组项:

(1) 姓名组;
(2) 航段组;
(3) 联系组;
(4) 票价组;
(5) 票价计算组;
(6) 付款方式组。

此外,也可以包括备注组、特殊服务组、其他服务信息以及旅游代号组、签注信息组等可选项。

第二节　订座 PNR 建立

一、姓名组

姓名组是组成旅客订座记录必不可少的组项,它记录了旅客姓名、所订座位数、称谓、特殊旅客代码等内容。

(一) 指令格式

>NM:1 姓名(特殊旅客代码)1 姓名(特殊旅客代码)……(中文)

>NM:1 姓/名(特殊旅客代码)1 姓/名(特殊旅客代码)……(英文)

>NM:3 姓/名/名/名——三个旅客的姓一样……(只适用于英文)

>NM:1 姓名(UM 岁数)——无人陪伴儿童

>XN:IN/姓名 INF(出生月份年份)/Pn ……(中文婴儿名字)

>XN:IN/姓/名 INF(出生月份年份)/Pn ……(英文婴儿名字)

(二) 指令格式说明

(1) 姓名组由英文字母或汉字组成。

(2) 英文姓名应由英文26个字母组成，先输入姓，然后输入名，姓和名之间用1个斜线(/)分开。

(3) 对于输入英文字母的姓名，姓不得少于两个字母；但是当旅客的姓只有一个字母时，把姓与名连上再加称谓"/MS"或"/MR"。

(4) PNR中旅客名单显示的顺序是按照姓氏的字母顺序排列。

(5) 散客记录最大旅客数为9人，旅客数大于9人的记录为团体旅客记录。

(6) 要保证旅客姓名输入的准确性，有一些航空公司禁止修改旅客姓名。

(7) 若婴儿占座位按照儿童处理，可以参照成人携带儿童实例。

(三) 应用举例

例4-1：中文姓名的输入。

>NM:1 杨帆 1 李丽

---

2. 李丽 1. 杨帆

3. CAN/T CAN/T 020-38114969/GUANG DONG ZONG HENG TIAN DI ELECTRIC SHANG LV/WAN LIMING ABCDEFG

4. CAN911

例4-2：英文(拼音)姓名的输入。

>NM:1SMITH/PETER 1LI/LIPING 1WHITE/TOM

---

2. LI/LIPING 1.SMITH/PETER 3.WHITE/TOM

4. CAN/T CAN/T 020-38114969/GUANG DONG ZONG HENG TIAN DI ELECTRIC SHANG LV/WAN LIMING ABCDEFG

5. CAN911

例4-3：无成人陪伴儿童姓名的输入：输入无成人陪伴儿童李晓萍(九岁)的姓名。

>NM:1 李晓萍(UM09)

---

1. 李晓萍(UM9)

2. CAN/T CAN/T 020-38114969/GUANG DONG ZONG HENG TIAN DI ELECTRIC SHANG LV/WAN LIMING ABCDEFG

3. SSR UMNR YY NN1 UM9/P1

4. CAN911

例 4-4：相同姓氏的旅客姓名的输入。

>NM:3YANG/LILI/YIFAN/TINGTING 2WHITE/TOM/HELEN

```
4.WHITE/TOM 5.WHITE/HELEN 1.YANG/LILI 2.YANG/YIFAN 3.YANG/TINGTING
6.CAN/T CAN/T 020-38114969/GUANG DONG ZONG HENG TIAN DI ELECTRIC SHANG LV/WAN
  LIMING ABCDEFG
7.CAN911
```

例 4-5：婴儿姓名的输入。例 4-4 中的第二名和第五名旅客各携带一名婴儿。

>XN:IN/杨晓玲 INF(OCT13)/P2

>XN:IN/WHITE/PETER INF(SEP13)/P5

```
4.WHITE/TOM 5.WHITE/HELEN 1.YANG/LILI 2.YANG/YIFAN 3.YANG/TINGTING
6.CAN/T CAN/T 020-38114969/GUANG DONG ZONG HENG TIAN DI ELECTRIC SHANG LV/WAN
  LIMING ABCDEFG
7.OSI YY 1INF YANGXIAOLING INF/P2
8.XN/IN/杨晓玲 INF(OCT13)/P2
```

二、航段组

代理人对航班座位进行实际销售是通过建立航段组来完成的。

一般情况下,航段组可以分为：

(1) 可采取行动的航段组(Actionable)；

(2) 信息航段组(Information)或到达情况不明航段组(ARNK)；

(3) 不定期航段组(OPEN)。

其中,对于可采取行动的航段组通常有两种方法可以申请航班座位:用 SS 直接建立航段组和用 SD 间接建立航段组；信息航段组或到达情况不明航段组使用 SA 指令来建立；不定期航段组使用 SN 指令来建立。下面逐一介绍各指令的格式。

(一) 直接建立航段组(SS)

直接建立航段组通常在营业员已充分了解待订航班的相关信息,如航班号、日期、航段、舱位、座位数等的情况下时使用。

指令格式：

>SS:航班号 舱位 日期 城市对 行动代码 订座数

指令格式格式说明：

(1) 使用 SS 指令直接建立航段组时,对于国内航空公司的航班,代理人只能订取 CRS 系统中实际存在的航班；

(2) 对于国外航空公司的航班，代理人可以根据相关销售文件输入 SS 指令的各项参数，即使该航班在 CRS 系统中并不存在，也可以建立。

(3) 营业员使用 SS 指令直接建立航段组时，一次输入最多可订取 5 个航班。

例 4-6：申请订取 2 月 20 日广州到成都 CZ3403 航班 Y 舱的一个座位。

>SS:CZ3101 Y 20FEB CANPEK NN1

```
1.  CZ3101 Y    TH20FEB  CANPEK DK1    0800 1110         787 C 0  R E --T2
2. CAN/T CAN/T 020-38114969/GUANG DONG ZONG HENG TIAN DI ELECTRIC SHANG LV/WAN
   LIMING ABCDEFG
3. CAN911
```

例 4-7：候补 1 月 30 日广州到成都 CA4301 航班 Y 舱的一个座位。

>SS CA4310/Y/30JAN/CANCTU/LL1

```
1.  CA4310 Y    TH30JAN  CANCTU LL1    0840 1050         321  0  R E --T2
2. CAN/T CAN/T 020-38114969/GUANG DONG ZONG HENG TIAN DI ELECTRIC SHANG LV/WAN
   LIMING ABCDEFG
3. CAN911
```

说明：

营业员通过识读航段组中的行动代码可以了解到当前旅客的占座状态。常见的行动代码如下：

DK, DR：销售成功且直接占座；

DW：候补状态；

NN：申请状态。

(二) 间接建立航段组(SD)

间接建立航段组是指营业员首先使用 AV 指令查看航班座位的可利用情况，然后应用 SD 指令为旅客订座。这是每个营业员都应掌握的最基本的订座方式。

指令格式：

>SD: 序号 舱位等级 (行动代码) 订座数

指令格式说明：

(1) 序号是指 AV 查询结果中的航班序号；

(2) 行动代码通常省略。

例 4-8：用间接建立航段组的方法，预订 3 月 22 日 11 点左右起飞的上海到武汉的航班的 Y 舱座位。

>AV:H/SHAWUH/22MAR

```
22MAR14(SAT)  SHAWUH
1- FM9361  DS# FS PQ YA KS BQ EQ HQ LQ MQ NQ    SHAWUH 0805    0950    73E 0^S   E
>              RQ SQ VQ TQ WQ GQ QQ IS                           T2 --  1:45
2  MU2504  DS# F8 PQ YA BQ MQ EQ HQ KQ LQ NQ    PVGWUH 1110    1250    320 0^L   E
>              RQ SQ VQ TQ GQ ZQ QQ                              T1 T2  1:40
3  MU2506  DS# F8 PQ YA BQ MQ EQ HQ KQ LQ NQ    PVGWUH 1300    1450    320 0^L   E
>              RQ SQ VQ TQ GQ ZQ QQ                              T1 T2  1:50
4  CZ3824  AS# F8 PQ WA SQ YA BQ MQ HQ KQ UQ    PVGWUH 1340    1535    738 0^C   E
>              LQ QQ EQ VQ ZQ TQ NQ RA GQ XC                     T2 --  1:55
5  MU2508  DS# F8 PQ YA BQ MQ EQ HQ KQ LQ NQ    SHAWUH 1445    1635    733 0^    E
>              RQ SQ VQ TQ GQ ZQ QQ                              T2 T2  1:50
6  MU518   DS# J8 CQ DQ IQ YA BQ MQ EQ HQ KQ    PVGWUH 1535    1715    738 0^S   E
>              LQ NQ RQ SQ VQ TQ GQ ZQ QQ                        T1 --  1:40
7  CZ3580  AS# F8 PQ WA SQ YA BQ MQ HQ KQ UQ    PVGWUH 1630    1825    738 0^C   E
>              LQ QQ EQ VQ ZQ TQ NQ RA GQ XC                     T2 --  1:55
** All scheduled MU or FM flights operated by MU or FM are "Eastern Express"
```

订取 MU2504 航班 Y 舱 1 个座位：
>SD:2Y1

```
1.  MU2504 Y    SA22MAR   PVGWUH DK1    1110 1250         320 L 0  R E T1T2
2. CAN/T CAN/T 020-38114969/GUANG DONG ZONG HENG TIAN DI ELECTRIC SHANG LV/WAN
   LIMING ABCDEFG
3. CAN911
```

说明：

SD 的输出结果与 SS 是一样的。SS 一个指令便可以建立航段组，而 SD 要经过两步，即 AV、SD 才可建立航段组。

(三) 信息航段组或到达情况不明航段组的建立(SA)

SA 指令可以建立信息航段或到达情况不明的航段，这样的航段不占用航班座位，通常是为了保证 PNR 中航段的连续性，便于出票而建立的。

指令格式：

>SA:（日期）缺口城市对

指令格式说明：

(1) 日期通常可以省略。

(2) PNR 中的航段不连续，会导致票价计算组 FC 项无法输入，从而影响出票；需要用 SA 指令补齐缺口城市对，方可输入 FC，再出票。

学习单元四　旅客订座记录

例 4-9：营业员已为旅客预订广州到北京、天津回广州的航班，为便于后期正常出票，要求用 SA 补齐缺口程。

\>RT:

```
1.刘毅
2.  CZ3101 Y    TU18FEB   CANPEKDK1   0800 1110         787 C 0 RE --T2
3.  CZ3158 Y    FR28FEB   TSNCAN DK1  1725 2025         320 C 0 RE
4.CAN/T CAN/T 020-38114969/GUANG DONG ZONG HENG TIAN DI ELECTRIC SHANG LV/WAN
   LIMING ABCDEFG
5.CAN911
```

\>SA:25FEB/PEKTSN

```
1.刘毅
2.  CZ3101 Y    TU18FEB   CANPEKDK1   0800 1110         787 C 0 RE --T2
3.  ARNK        TU25FEB   PEKTSN
4.  CZ3158 Y    FR28FEB   TSNCAN DK1  1725 2025         320 C 0 RE
5.CAN/T CAN/T 020-38114969/GUANG DONG ZONG HENG TIAN DI ELECTRIC SHANG LV/WAN
   LIMING ABCDEFG
6. CAN911
```

(四) 不定期航段的建立(SN)

如果旅客的旅行日期不确定，此时，可以使用 SN 指令为旅客预订 OPEN 航段。

指令格式：

\>SN 承运人 舱位 城市对

例 4-10：旅客购买天津到广州的南方航空公司来回程机票，其中去程为 2 月 22 日，回程日期待定，舱位为 Y 舱。

\>RT:

```
1.刘鸿利
2.  CZ3158 Y    FR22FEB   TSNCAN HK1  1725 2025         E
3.CAN/T CAN/T 020-38114969/GUANG DONG ZONG HENG TIAN DI ELECTRIC SHANG LV/WAN
   LIMING ABCDEFG
4.CAN911
```

>SN CZ Y CANTSN

```
1. 刘鸿利
2.   CZ3158 Y    FR22FEB  TSNCAN HK1    1725 2025         E
3.   CZOPEN Y              CANTSN
4. CAN/T CAN/T 020-38114969/GUANG DONG ZONG HENG TIAN DI ELECTRIC SHANG LV/WAN
   LIMING ABCDEFG
5. CAN911
```

说明：

(1) 只有 OPEN 航段不能建立起 PNR。

(2) 出国内票时，有些航空公司不允许代理人出 OPEN 票，营业员应根据航空公司的规定进行操作。

三、联系组

联系组的功能是记录各种联系信息，方便查询代理人及旅客信息。PNR 中的联系组分为两部分：

1．代理人联系信息

代理人联系信息是营业员在订座时，计算机系统自动生成的，包括代理人所在城市、名称、电话及负责人。该信息便于航空公司与代理人之间的联系。因此如果代理人的联系信息有所改变，应及时与中航信相应部门联系，及时更改，以保证系统中信息的准确性。

2．旅客联系信息

旅客联系信息由营业员手工输入，记录旅客的联系电话，便于代理人与旅客的联系。

指令格式：

>CT：自由格式文本

例 4-11：输入旅客的联系电话 020-86124211。

>CT：020-86124211

```
>RT:
1. CAN/T CAN/T 020-38114969/GUANG DONG ZONG HENG TIAN DI ELECTRIC SHANG LV/WAN
   LIMING ABCDEFG
2. 020-86124211
3. CAN911
```

说明：

上面信息中的第 1 个组项是系统自动生成的代理人联系信息组，第 2 个组项是手工输入的旅客联系信息组。

四、出票组

出票组注明旅客的出票情况，已出票的将给出票号，未出票的则显示具体的出票时限。到达出票时限，计算机系统向相应部门拍发电报，提示营业员出票，否则会被航空公司取消订座。

出票时限可以由系统自动生成，也可以由营业员自己设置。手工设置出票时限的指令格式如下：

>TK：TL/时间/日期/OFFICE

例 4-12：手工设置 PNR 的出票时限。

>RT

```
1. 李丽
2.   MU2504 Y   SA22MAR  PVGWUH DK1    1110 1250         320 L 0   R E T1T2
3. CAN/T CAN/T 020-38114969/GUANG DONG ZONG HENG TIAN DI ELECTRIC SHANG LV/WAN
   LIMING ABCDEFG
4. CAN/020-86124211
5. CAN911
```

>TK：TL/1200/31DEC/CAN911

```
1. 李丽
2.   MU2504 Y   SA22MAR  PVGWUH DK1    1110 1250         320 L 0   R E T1T2
3. CAN/T CAN/T 020-38114969/GUANG DONG ZONG HENG TIAN DI ELECTRIC SHANG LV/WAN
   LIMING ABCDEFG
4. CAN/020-86124211
5. TL/1200/31DEC/CAN911
6. CAN911
```

说明：

(1) 出票时限可以根据旅客情况而定，通常要求在航班起飞 3 天之前出票。

(2) 如果营业员没有手工输入出票时限，PNR 封口时系统会根据旅客的出发时间自动产生出票时限。

35

第三节 PNR 的生效

在建立或修改 PNR 时，要使得新输入的内容或修改的组项生效，必须对 PNR 进行封口。

一、指令格式

>@ 选择代码
　或
>\ 选择代码

二、指令格式说明

(1) 封口指令@和\完全等价，营业员可以根据自己的喜好选择其中一个对 PNR 进行封口。

(2) 选择代码为可选项，正常封口时不需输入选择代码，当遇到如下特殊情况时，才需输入相应选择代码：

选择代码	描　　　　述
K	1. 将 KK、KL 或 TK 变为 HK； 2. 将 UU、US 或 TL 变为 HL； 3. 将 TN 变为 HN； 4. 将带有 NI、UC、UN 的项移到 PNR 的历史部分； 5. PNR 中的任何航班更改标识(闪动的 S,P,C)或航班信息标识(闪动的 I)将被抹去
I	1. 航段不连续； 2. 邮寄时间不够； 3. 有航班变更标识； 4. 两个连接航段的停留时间小于最小连接时间

(3) 封口时系统会自动检查 PNR 的完整性。
(4) 第一次封口后，系统将给出 PNR 的编码(小编码)。

三、应用举例

例 4-13：最常见的封口，就是对 PNR 的确认，正常封口使 PNR 生效。
>AV:H/SHAWUH/22MAR
>SD:2Y/1
>NM: 1 李丽
>CT: CAN/020-86124211

>TK: TL/1200/31DEC/CAN911

>@

```
MU2504 Y    SA22MAR   PVGWUH DK1   1110 1250

HQ5C3T
```

例 4-14：加"K"封口。

当 PNR 中的航段组或其他组项中的行动代码为 KK、KL、TK、US、UU、TL、TN、NO、UC、UN 等时，若不能正常封口，可加选择代码"K"来封口。

>RT:HQ9MCT

```
1. 张婷婷  HQ9MCT
2.   CZ3102 E    TU20OCT    PEKCAN KK1  1010  2110
3. CAN/T CAN/T 020-38114969/GUANG DONG ZONG HENG TIAN DI ELECTRIC SHANG LV/WAN
     LIMING ABCDEFG
4. CAN/020-86129711
5. TL/1200/31DEC/CAN911
6. RMK CA/KT8R3M
7. CAN911
```

>@K

>RT HQ9MCT

```
1. 张婷婷  HQ9MCT
2.   CZ3102 E    TU20OCT    PEKCAN HK1  1010  2110
3. CAN/T CAN/T 020-38114969/GUANG DONG ZONG HENG TIAN DI ELECTRIC SHANG LV/WAN
     LIMING ABCDEFG
4. CAN/020-86129711
5. TL/1200/31DEC/CAN911
6. RMK CA/KT8R3M
7. CAN911
```

可以看到，用@K 封口后，航段组中的行动代码由 KK 变成了 HK。

例 4-15：加"I"封口。

有时 PNR 中的航段不连续，而代理人又没有加入到达情况不明航段组，这时正常封口会被系统拒绝。

>RT

民航计算机订座实训

```
1. 刘毅
2.  CZ3101 Y    TU18FEB   CANPEKDK1   0800 1110         787 C 0 RE --T2
3.  CZ3158 Y    FR28FEB   TSNCAN DK1    1725 2025         320 C 0 RE
4.  CAN/T CAN/T 020-38114969/GUANG DONG ZONG HENG TIAN DI ELECTRIC SHANG LV/WAN
     LIMING ABCDEFG
5. 13712335566
6. OSI YY CTCT13712335566
7. CAN911
```

>@

```
CHECK CONTINUITY
```

正常封口时，提示代理人航段不连续，代理人在确认航段没有错误的情况下，可以加"I"封口。

>@I

```
HQBWOH -EOT SUCCESSFUL, BUT ASR UNUSED FOR 1 OR MORE SEGMENTS
  CZ3101   Y TU18FEB  CANPEK DK1    0800 1110
  CZ3158   Y FR28FEB  TSNCAN DK1    1725 2025
航空公司使用自动出票时限，请检查 PNR
```

说明：

(1) 如果营业员建立了航段组，但未封口，且时间超过 5 分钟，这时 CRS 系统内部会自动做 IG 操作，将座位还原，防止恶意虚耗座位。此时，营业员应做 IG，并重新建立 PNR。

(2) 选择代码 K 和 I 可以同时使用，即@KI 或\KI，具有@K 和@I 的所有功能。

第四节 订座 PNR 建立实例

一、单程订座 PNR 实例

旅客张颜，行程为 2 月 10 日广州至北京，Y 舱。

>AV CANPEK/10FEB

```
10FEB(MON) CANBJS
1- CZ9999  CANPEK 0800   1110   787 0^C E   DS# AR FR PR JR CR DR IR OR WR SR*
2  CZ4444  CANPEK 0800   1110   319 0 C  E   DS# FR PR WR SR YR BR MR HR KR UR*
3  CZ3101  CANPEK 0801   1110   787 0^C E   DS# A4 FA PQ JX CX DX IX OX WX SX*
```

```
4   *ZH1310   CANPEK 0825    1130    77L 0^B   E   AS# FA YA BS MS HS KS LS QS GS SA*
5    CA1310   CANPEK 0825    1130    77L 0^B   E   AS# FA A2 O1 WA YA BS MS HS KS LS*
6   *SK9510   CANPEK 0830    1130    333 0 B   E   DS# CA DA JA ZA YA SA BL EL ML HL*
7    HU7804   CANPEK 0840    1150    738 0^    E   DS# F8 ZQ PQ AQ YA BQ HQ KQ LQ MQ*
8    CZ3099   CANPEK 0900    1155    380 0^L   E   DS# A8 FA PQ YA BQ MQ HQ KQ UQ LQ*
9+   CZ3121   CANPEK 1000    1310    321 0^L   E   DS# FA PQ WA SQ YA BQ MQ HQ KQ UQ*
**   PLEASE CHECK YI:CZ/TZ144 FOR ET SELF SERVICES CHECK-IN KIO
```

>SD7Y1

```
1.   HU7804 Y     M010FEB   CANPEK DK1    0840 1150        738    0  R E  --T1
2. CAN/T CAN/T-020-28318220/GZ MEIYA E-COMMERCE INTERNATIONAL BUSINESS TRAVEL
      CO./WULIMEI ABCDEFG
3. CAN826
```

>NM 1张颜

```
1. 张颜
2.   HU7804 Y     M010FEB   CANPEK DK1    0840 1150        738    0  R E  --T1
3. CAN/T CAN/T-020-28318220/GZ MEIYA E-COMMERCE INTERNATIONAL BUSINESS TRAVEL
      CO./WULIMEI ABCDEFG
4. CAN826
```

>CT13560358675

```
1. 张颜
2.   HU7804 Y     M010FEB   CANPEK DK1    0840 1150        738    0  R E  --T1
3. CAN/T CAN/T-020-28318220/GZ MEIYA E-COMMERCE INTERNATIONAL BUSINESS TRAVEL
      CO./WULIMEI ABCDEFG
4. 13560358675
5. OSI YY CTCT13560358675
6. CAN826
```

>TKTL/1200/9FEB/CAN826

```
1. 张颜
2.   HU7804 Y     M010FEB   CANPEK DK1    0840 1150        738    0  R E  --T1
3. CAN/T CAN/T-020-28318220/GZ MEIYA E-COMMERCE INTERNATIONAL BUSINESS TRAVEL
      CO./WULIMEI ABCDEFG
```

```
4. 13560358675
5. TL/1200/09FEB/CAN826
6. OSI YY CTCT13560358675
7. CAN826
```

>\

```
JD7M3X -EOT SUCCESSFUL, BUT ASR UNUSED FOR 1 OR MORE SEGMENTS
   HU7804   Y M010FEB  CANPEK DK1    0840 1150
 航空公司使用自动出票时限，请检查PNR
 *** 预订酒店指令HC，详情    HC:HELP    ***
```

二、含有两个连续航段的订座PNR实例

旅客张颜，行程为2月12日武汉至广州Y舱，2月18日广州至沈阳Y舱。
>AV WUHCAN/12FEB

```
12FEB(WED)  WUHCAN

1-  CZ3368   WUHCAN 0800   0945   738 0^C  E   AS# F8 PQ WA SQ YA BQ MQ HQ KQ UQ*
2   CZ6590   WUHCAN 1415   1555   73G 0^C  E   DS# F7 PQ WA SQ YA BQ MQ HQ KQ UQ*
3  *SC8231   WUHCAN 1425   1605   320 0^S  E   AS# F8 OQ YA BS HA KA LS QS VS SQ*
4  *ZH4611   WUHCAN 1425   1605   320 0^S  E   AS# F8 YA BS MS HA KA LS QS GS SQ*
5   CA8231   WUHCAN 1425   1605   320 0^S  E   AS# F8 AQ OQ YA BS MS HA KA LS QS*
6   CZ3343   WUHCAN 1540   1720   738 0^C  E   AS# F8 PQ WA SQ YA BQ MQ HQ KQ UQ*
7   CZ3041   WUHCAN 1750   1930   73G 0^C  E   DS# J8 CQ DQ IQ OQ WA SQ YA BQ MQ*
8  *CA3388   WUHCAN 1810   2000   320 0^   E   DS# F8 YA BQ MQ HQ KQ LQ QQ GQ VQ*
9+  ZH9658   WUHCAN 1810   2000   320 0^   E   DS# F8 PQ AQ OQ DQ YA BQ MQ HQ KQ*
 ** CHECK-IN BEFORE 30 MINUTES OF DEPARTURE. PLS CHECK YI:CZ/TZ
```

>SD1Y1

```
1.   CZ3368 Y    WE12FEB  WUHCAN DK1   0800 0945         738 C O R E
2. CAN/T CAN/T-020-28318220/GZ MEIYA E-COMMERCE INTERNATIONAL BUSINESS TRAVEL
   CO./WULIMEI ABCDEFG
3. CAN826
```

学习单元四　旅客订座记录

>AV CANSHE/18FEB

```
18FEB(TUE) CANSHE
1-   CZ6316   CANSHE 0800    1140    321 0^C  E   DS# FA PQ WA SQ YA BQ MQ HQ KQ UQ*
2    CZ352    CANSHE 1320    1700    321 0^L  E   DS# JA CQ DQ IQ OQ WA SQ YA BQ MQ*
3    CZ6302   CANSHE 1940    2310    320 0^C  E   DS# F8 PQ WA SQ YA BQ MQ HQ KQ UQ*
4    MU5316   CANPVG 0745    0955    320 0^S  E   DS# F8 PQ AQ YA BA MA EA HA KA LA*
     MU5609   SHE    1410    1620    320 0^   E   DS# F8 PQ AS YA KS BQ EQ HQ LQ MQ*
5    CZ3101   CANPEK 0801    1110    787 0^C  E   DS# A4 FA PQ JX CX DX IX OX WX SX*
     CZ6104   SHE    1255    1420    319 0^   E   DS# F8 PQ WA SQ YA BQ MQ HQ KQ UQ*
6+   CZ3203   CANXIY 0750    1025    320 0^C  E   DS# F8 PQ WA SQ YA BA MA HA KA UA*
     CZ6470   SHE    1250    1605    320 1^   E   DS# F8 PQ WA SQ YA BQ MQ HQ KQ UQ*
```

>SD3Y1

```
1. CZ3368  Y   WE12FEB   WUHCAN DK1   0800 0945        738 C O R E
2. CZ6302  Y   TU18FEB   CANSHE DK1   1940 2310        320 C O R E --T3
3. CAN/T CAN/T-020-28318220/GZ MEIYA E-COMMERCE INTERNATIONAL BUSINESS TRAVEL
   CO./WULIMEI ABCDEFG
4. CAN826
```

>NM 1 张颜
　CT13560358675
　TKTL/1800/10FEB/CAN826
　　@　　　　　提交

```
JD7M3Y -EOT SUCCESSFUL, BUT ASR UNUSED FOR 1 OR MORE SEGMENTS
  CZ3368   Y WE12FEB   WUHCAN DK1   0800 0945
  CZ6302   Y TU18FEB   CANSHE DK1   1940 2310
  航空公司使用自动出票时限，请检查PNR
  *** 预订酒店指令HC，详情    HC:HELP    ***
```

三、含有两个不连续航段的订座 PNR 实例

旅客张颜，行程为 2 月 13 日广州至北京 Y 舱，2 月 16 日上海至广州 Y 舱。
>AV CANPEK/13FEB

```
13FEB(THU) CANBJS

1-  CZ4444  CANPEK 0800   1110   319 0 C   E   DS# FR PR WR SR YR BR MR HR KR UR*
2   CZ9999  CANPEK 0800   1110   787 0^C   E   DS# AR FR PR JR CR DR IR OR WR SR*
3   CZ3101  CANPEK 0801   1110   787 0^C   E   DS# A4 FA PQ JX CX DX IX OX WX SX*
4   CA1310  CANPEK 0825   1130   77L 0^B   E   AS# FA A2 O1 WA YA BS MS HS KS LS*
5  *ZH1310  CANPEK 0825   1130   77L 0^B   E   AS# FA YA BS MS HS KS LS QS GS SA*
6  *SK9510  CANPEK 0830   1130   333 0 B   E   DS# CA DA JA ZA YA SA BL EL ML HL*
7   HU7804  CANPEK 0840   1150   738 0^    E   DS# F8 ZQ PQ AQ YA BQ HQ KQ LQ MQ*
8   CZ3099  CANPEK 0900   1155   380 0^L   E   DS# A8 FA PQ YA BQ MQ HQ KQ UQ LQ*
9+  CZ3121  CANPEK 1000   1310   321 0^L   E   DS# FA PQ WA SQ YA BQ MQ HQ KQ UQ*
**  PLEASE CHECK YI:CZ/TZ144 FOR ET SELF SERVICES CHECK-IN KIO
```

>SD3Y1

```
1.  CZ3101 Y    TH13FEB  CANPEK DK1    0800 1110          787 C 0   R E --T2
2. CAN/T CAN/T-020-28318220/GZ MEIYA E-COMMERCE INTERNATIONAL BUSINESS TRAVEL
   CO./WULIMEI ABCDEFG
3. CAN826
```

>AV SHACAN/16FEB

```
16FEB(SUN) SHACAN

1-  MU5307  SHACAN 0730   0950   76A 0^S   E   DS# FA PQ AS YA KS BQ EQ HQ LQ MQ*
2   CZ3596  SHACAN 0845   1105   320 0^C   E   DS# F8 PQ WA SQ YA BQ MQ HQ KQ UQ*
3   MU5301  PVGCAN 0855   1125   320 0^S   E   DS# F8 PQ AS YA BQ MQ EQ HQ KS LQ*
4  *CZ5301  PVGCAN 0855   1125   320 0^S   E   DS# YA BQ MQ EQ HQ KS LQ NQ RQ SQ*
5   MU5331  SHACAN 0930   1200   300 0^    E   DS# FA PQ AS YA KS BQ EQ HQ LQ MQ*
6   CZ3548  SHACAN 0945   1205   320 0^L   E   DS# F8 PQ WA SQ YA BQ MQ HQ KQ UQ*
7   MU5333  SHACAN 1130   1350   76A 0^L   E   DS# FA PQ AS YA KS BQ EQ HQ LQ MQ*
8   CZ3524  SHACAN 1145   1415   320 0^L   E   DS# F8 PQ WA SQ YA BQ MQ HQ KQ UQ*
9+  MU5317  SHACAN 1230   1450   AB6 0^L   E   DS# FA PQ AS YA KS BQ EQ HQ LQ MQ*
**  All scheduled MU or FM flights operated by MU or FM are "Eastern Express"
```

```
>SD2Y1
```

```
1.   CZ3101 Y    TH13FEB   CANPEK DK1   0800 1110          787 C 0  R E --T2
2.   CZ3596 Y    SU16FEB   SHACAN DK1   0845 1105          320 C 0  R E T2--
3.CAN/T CAN/T-020-28318220/GZ MEIYA E-COMMERCE INTERNATIONAL BUSINESS TRAVEL
     CO./WULIMEI ABCDEFG
4.CAN826
```

```
>NM 1 张颜
CT13560358675
TKTL/1200/11FEB/CAN826
@I                提交
```

```
JD7M43 -EOT SUCCESSFUL, BUT ASR UNUSED FOR 1 OR MORE SEGMENTS
  CZ3101   Y TH13FEB   CANPEK DK1    0800 1110
  CZ3596   Y SU16FEB   SHACAN DK1    0845 1105
 航空公司使用自动出票时限,请检查 PNR
 *** 预订酒店指令 HC, 详情      HC:HELP    ***
```

四、含有 ARNK 地面运输航段的订座 PNR 实例

旅客张笑颜,行程为 2 月 13 日广州至北京 Y 舱,2 月 16 日上海至广州 Y 舱。
>AV CANPEK/13FEB

```
13FEB(THU) CANBJS

1-   CZ9999   CANPEK 0800    1110    787 0ˆC  E    DS# AR FR PR JR CR DR IR OR WR SR*
2    CZ4444   CANPEK 0800    1110    319 0 C  E    DS# FR PR WR SR YR BR MR HR KR UR*
3    CZ3101   CANPEK 0801    1110    787 0ˆC  E    DS# A4 FA PQ JX CX DX IX OX WX SX*
4   *ZH1310   CANPEK 0825    1130    77L 0ˆB  E    AS# FA YA BS MS HS KS LS QS GS SA*
5    CA1310   CANPEK 0825    1130    77L 0ˆB  E    AS# FA A2 O1 WA YA BS MS HS KS LS*
6   *SK9510   CANPEK 0830    1130    333 0 B  E    DS# CA DA JA ZA YA SA BL EL ML HL*
7    HU7804   CANPEK 0840    1150    738 0ˆ   E    DS# F8 ZQ PQ AQ YA BQ HQ KQ LQ MQ*
8    CZ3099   CANPEK 0900    1155    380 0ˆL  E    DS# A8 FA PQ YA BQ MQ HQ KQ UQ LQ*
9+   CZ3121   CANPEK 1000    1310    321 0ˆL  E    DS# FA PQ WA SQ YA BQ MQ HQ KQ UQ*
  ** PLEASE CHECK YI:CZ/TZ144 FOR ET SELF SERVICES CHECK-IN KIO
```

>SD3Y1

```
1. CZ3101 Y    TH13FEB   CANPEK DK1   0800 1110           787 C 0   R E  --T2
2. CAN/T CAN/T-020-28318220/GZ MEIYA E-COMMERCE INTERNATIONAL BUSINESS TRAVEL
      CO./WULIMEI ABCDEFG
3. CAN826
```

>AV SHACAN/16FEB

```
16FEB(SUN) SHACAN
1-   MU5307   SHACAN 0730    0950    76A 0^S   E    DS# FA PQ AS YA KS BQ EQ HQ LQ MQ*
2    CZ3596   SHACAN 0845    1105    320 0^C   E    DS# F8 PQ WA SQ YA BQ MQ HQ KQ UQ*
3   *CZ5301   PVGCAN 0855    1125    320 0^S   E    DS# YA BQ MQ EQ HQ KS LQ NQ RQ SQ*
4    MU5301   PVGCAN 0855    1125    320 0^S   E    DS# F8 PQ AS YA BQ MQ EQ HQ KS LQ*
5    MU5331   SHACAN 0930    1200    300 0^    E    DS# FA PQ AS YA KS BQ EQ HQ LQ MQ*
6    CZ3548   SHACAN 0945    1205    320 0^L   E    DS# F8 PQ WA SQ YA BQ MQ HQ KQ UQ*
7    MU5333   SHACAN 1130    1350    76A 0^L   E    DS# FA PQ AS YA KS BQ EQ HQ LQ MQ*
8    CZ3524   SHACAN 1145    1415    320 0^L   E    DS# F8 PQ WA SQ YA BQ MQ HQ KQ UQ*
9+   MU5317   SHACAN 1230    1450    AB6 0^L   E    DS# FA PQ AS YA KS BQ EQ HQ LQ MQ*
   ** All scheduled MU or FM flights operated by MU or FM are "Eastern Express"
```

>SD2Y1

```
1. CZ3101 Y    TH13FEB   CANPEK DK1   0800 1110           787 C 0   R E  --T2
2. CZ3596 Y    SU16FEB   SHACAN DK1   0845 1105           320 C 0   R E  T2--
3. CAN/T CAN/T-020-28318220/GZ MEIYA E-COMMERCE INTERNATIONAL BUSINESS TRAVEL
       CO./WULIMEI ABCDEFG
4. CAN826
```

>SA PEKSHA

```
1. CZ3101 Y    TH13FEB   CANPEK DK1   0800 1110           787 C 0   R E  --T2
2.    ARNK               PEKSHA
3. CZ3596 Y    SU16FEB   SHACAN DK1   0845 1105           320 C 0   R E  T2--
4. CAN/T CAN/T-020-28318220/GZ MEIYA E-COMMERCE INTERNATIONAL BUSINESS TRAVEL
       CO./WULIMEI ABCDEFG
5. CAN826
```

```
>NM 1 张笑颜
CT13560358675
TKTL/1200/12FEB/CAN826
@                         提交
```

```
HDFD3S -EOT SUCCESSFUL, BUT ASR UNUSED FOR 1 OR MORE SEGMENTS
  CZ3101   Y TH13FEB  CANPEK DK1    0800 1110
  CZ3596   Y SU16FEB  SHACAN DK1    0845 1105
  航空公司使用自动出票时限，请检查 PNR
  *** 预订酒店指令 HC，详情    HC：HELP    ***
```

五、含有 OPEN 航段的订座 PNR 实例

旅客张颜，行程 2 月 15 日广州至北京 Y 舱，回程南航 Y 舱 OPEN。

>AV CANPEK/15FEB

```
15FEB(SAT) CANBJS
1-  CZ4444   CANPEK 0800    1110   319 0 C  E   DS# FR PR WR SR YR BR MR HR KR UR*
2   CZ9999   CANPEK 0800    1110   787 0^C  E   DS# AR FR PR JR CR DR IR OR WR SR*
3   CZ3101   CANPEK 0801    1110   787 0^C  E   DS# A4 FA PQ JX CX DX IX OX WX SX*
4  *ZH1310   CANPEK 0825    1130   77L 0^B  E   AS# FA YA BS MS HS KS LS QS GS SA*
5   CA1310   CANPEK 0825    1130   77L 0^B  E   AS# FA A2 O1 WA YA BS MS HS KS LS*
6  *SK9510   CANPEK 0830    1130   333 0 B  E   DS# CA DA JA ZA YA SA BL EL ML HL*
7   HU7804   CANPEK 0840    1150   738 0^   E   DS# F8 ZQ PQ AQ YA BQ HQ KQ LQ MQ*
8   CZ3099   CANPEK 0900    1155   380 0^L  E   DS# A8 FA PQ YA BQ MQ HQ KQ UQ LQ*
9+  CZ3121   CANPEK 1000    1310   321 0^L  E   DS# FA PQ WA SQ YA BQ MQ HQ KQ UQ*
**  PLEASE CHECK YI:CZ/TZ144 FOR ET SELF SERVICES CHECK-IN KIO
```

>SD9Y1

```
1.  CZ3121 Y   SA15FEB  CANPEK DK1   1000 1310         321 L 0  R E --T2
2. CAN/T CAN/T-020-28318220/GZ MEIYA E-COMMERCE INTERNATIONAL BUSINESS TRAVEL
    CO./WULIMEI ABCDEFG
3. CAN826
```

```
>SN CZ/Y/PEKCAN
```

```
1.  CZ3121  Y    SA15FEB  CANPEK DK1    1000 1310         321 L 0  R E --T2
2.  CZOPEN  Y             PEKCAN
3. CAN/T CAN/T-020-28318220/GZ MEIYA E-COMMERCE INTERNATIONAL BUSINESS TRAVEL
   CO./WULIMEI ABCDEFG
4. CAN826
```

>NM 1 张笑颜
CT13560358675
TKTL/1200/12FEB/CAN826
@   提交

```
HDFD3T -EOT SUCCESSFUL, BUT ASR UNUSED FOR 1 OR MORE SEGMENTS
   CZ3121 Y SA15FEB CANPEK DK1   1000 1310
   航空公司使用自动出票时限，请检查 PNR
 *** 预订酒店指令 HC，详情    HC:HELP    ***
```

六、多名旅客来回程订座 PNR 实例

两名成人旅客张颜、李莉携带儿童张晓亮，行程 2 月 15 日广州至北京 Y 舱，回程 2 月 18 日 Y 舱。

>AV CANPEK/15FEB

```
15FEB(SAT) CANBJS
1-  CZ4444   CANPEK 0800   1110   319 0 C    E    DS# FR PR WR SR YR BR MR HR KR UR*
2   CZ9999   CANPEK 0800   1110   787 0^C    E    DS# AR FR PR JR CR DR IR OR WR SR*
3   CZ3101   CANPEK 0801   1110   787 0^C    E    DS# A4 FA PQ JX CX DX IX OX WX SX*
4  *ZH1310   CANPEK 0825   1130   77L 0^B    E    AS# FA YA BS MS HS KS LS QS GS SA*
5   CA1310   CANPEK 0825   1130   77L 0^B    E    AS# FA A2 O1 WA YA BS MS HS KS LS*
6  *SK9510   CANPEK 0830   1130   333 0 B    E    DS# CA DA JA ZA YA SA BL EL ML HL*
7   HU7804   CANPEK 0840   1150   738 0^     E    DS# F8 ZQ PQ AQ YA BQ HQ KQ LQ MQ*
8   CZ3099   CANPEK 0900   1155   380 0^L    E    DS# A8 FA PQ YA BQ MQ HQ KQ UQ LQ*
9+  CZ3121   CANPEK 1000   1310   321 0^L    E    DS# FA PQ WA SQ YA BQ MQ HQ KQ UQ*
 ** PLEASE CHECK YI:CZ/TZ144 FOR ET SELF SERVICES CHECK-IN KIO
```

学习单元四 旅客订座记录

>SD7Y3

```
1.  HU7804  Y    SA15FEB  CANPEK DK3    0840 1150          738  0  R E --T1
2. CAN/T CAN/T-020-28318220/GZ MEIYA E-COMMERCE INTERNATIONAL BUSINESS TRAVEL
   CO./WULIMEI ABCDEFG
3. CAN826
```

>AV PEKCAN/18FEB/HU

```
18FEB(TUE) BJSCAN VIA HU

1-  HU7805   PEKCAN 0845    1200    738 0ˆ    E    DS# F8 ZQ PQ AQ YA BQ HQ KQ LQ MQ*
2   HU7801   PEKCAN 1510    1825    738 0ˆ    E    DS# FA ZQ PQ AQ YA BQ HQ KQ LQ MQ*
3+  HU7803   PEKCAN 2050    2355    738 0ˆ    E    DS# F8 ZQ PQ AQ YA BQ HQ KQ LQ MQ*

**  PLEASE CHECK YI:CZ/TZ144 FOR ET SELF SERVICES CHECK-IN KIO
**  CZ3000/3100/6000 PLEASE CHECK IN 45 MINUTES BEFORE DEPARTURE AT PEK
**  HU7000-HU7899 PLEASE CHECK IN 30 MINUTES BEFORE DEPARTURE AT PEK
```

>SD1Y3

```
1.  HU7804  Y    SA15FEB  CANPEK DK3    0840 1150          738  0  R E --T1
2.  HU7805  Y    TU18FEB  PEKCAN DK3    0845 1200          738  0  R E T1--
3. CAN/T CAN/T-020-28318220/GZ MEIYA E-COMMERCE INTERNATIONAL BUSINESS TRAVEL
   CO./WULIMEI ABCDEFG
4. CAN826
```

>NM 1张颜 1李莉 1张晓亮 CHD
　CT13560358675
　TKTL/1200/12FEB/CAN826
　　@　　　　　　　　　　提交

```
HDFD3V -EOT SUCCESSFUL, BUT ASR UNUSED FOR 1 OR MORE SEGMENTS
   HU7804  Y SA15FEB  CANPEK DK3    0840 1150
   HU7805  Y TU18FEB  PEKCAN DK3    0845 1200
  航空公司使用自动出票时限，请检查 PNR
   ***  预订酒店指令 HC, 详情    HC:HELP   ***
```

第五节　PNR 中的其他组项

除了姓名组、航段组、联系组、出票组这些必不可少的组项之外，PNR 中还可以包括特殊服务组、其他服务信息组和备注信息组。

一、特殊服务组(SSR)

特殊服务组可以分为两类，一类是系统自动生成的，是航空公司通知代理人的一些信息，如航空公司给出的出票时限、机上座位预留信息、代码共享航班信息、旅客未乘机信息等；另一类是代理人手工输入的，用于记录旅客在旅行中需要的特殊服务，并依此与航空公司进行信息交换。特殊服务包括特殊餐食、常客信息、无人陪伴儿童等内容。

营业员每次建立和修改 SSR 组项，其内容将随着电报传递到相应的航空公司信箱(QUEUE)中(通常为 SR QUEUE)，航空公司确认后，该信息返回到代理人信箱中，营业员提取 PNR 即可查询到。

指令格式：
>SSR: 服务类型代码　航空公司代码　行动代号　人数/旅客标识/需要该项服务的航段序号
指令格式说明：
(1) 身份证信息输入：
SSR FOID　航空公司代码　HK/NI 身份证号码/Pn
其中 Pn 为旅客标识。
(2) 会员卡号输入：
SSR FQTV　航空公司代码　HK/航空公司代码　卡号/Pn/Sn
其中 Pn 为旅客标识，Sn 为航段序号。
(3) 申请婴儿订票：
SSR INFT Airline-Code Action-Code1　婴儿姓/婴儿名　出生日期/Pn/Sn
婴儿除了要用 XN 指令输入姓名外，还需要输入 SSR INFT 组项，并且只有当该 SSR INFT 项被航空公司 K 过后，才能出婴儿票
(4) 系统中可以接收的特殊服务代码：
AVML　亚洲素食
BBML　婴儿餐食
BLND　盲人乘客(指定一只视力好的狗相陪伴)
BSCT　有篷的摇篮或吊床或婴儿摇篮
BULK　庞大的行李(如果知道则指定数量、重量、大小)
CBBG　客舱占座行李
CHML　儿童餐食

学习单元四　旅客订座记录

　　DBML　糖尿病人的餐食
　　DEPA　被驱逐出境(有人陪伴)
　　DEPU　被驱逐出境(无人陪伴)
　　EXST　额外的座位
　　FQTV　常旅客信息
　　FRAG　易碎的行李
　　LANG　指定会话语种
　　MEDA　健康状况(旅客医疗状况证明也可能需要)
　　MAAS　满足与帮助(用于特殊细节)
　　NSSA　靠走廊的无烟座位
　　NSSW　靠窗的无烟座位
　　OTHS　其他服务类型
　　RQST　座位申请
　　SMSA　靠走廊的吸烟座位
　　SMSW　靠窗的吸烟座位
　　STCR　担架旅客
　　TWOV　无签证的过境
　　UMNR　无人陪伴的未成年人
　　VGML　素食
　　WCHC　轮椅(旅客完全固定在轮椅上，需要运输轮椅上下飞机客舱)
　　WCHR　轮椅(旅客能用客机梯到达自己的座位，但需要轮椅来安排长途旅行)
　　WCHS　轮椅(旅客不能自行上下客梯，但可自行到达座位，需要轮椅来安排长途旅行)

　　例 4-16：输入旅客的身份信息，其身份证号码为 210387198001032977。
　　>SSR FOID CZ HK/NI210387198001032977/P1

```
1. 刘毅 HQBWOH
2.  CZ3158 Y   FR28FEB   TSNCAN HK1   1725 2025           E
3. CAN/T CAN/T 020-38114969/GUANG DONG ZONG HENG TIAN DI ELECTRIC SHANG LV/WAN
    LIMING ABCDEFG
4. 13712335566
5. TL/0600/18FEB/CAN911
6. SSR FOID CZ HK1 NI210387198001032977/P1
7. OSI YY CTCT13712335566
8. RMK CA/MVSLQ1
9. CAN911
```

例 4-17：为第一位旅客预订一份穆斯林餐。

>SSR:MOML CZ NN1/P1/S2

```
1. 刘毅 HQBW0H
2.   CZ3158 Y    FR28FEB  TSNCAN HK1   1725 2025         E
3. CAN/T CAN/T 020-38114969/GUANG DONG ZONG HENG TIAN DI ELECTRIC SHANG LV/WAN
   LIMING ABCDEFG
4. 13712335566
5. TL/0600/18FEB/CAN911
6. SSR FOID CZ HK1 NI21038719800010327/P1
7. SSR MOML CZ NN1 TSNCAN 3158 Y28FEB/P1
8. OSI YY CTCT13712335566
9. RMK CA/MVSLQ1
10. CAN911
```

例 4-18：申请婴儿订票。

>SSR INFT CZ NN1 LIU/XIAOLI 18NOV13/P1/S2

```
1. 刘毅凡 TQBW8H
2.   CZ3158 Y    FR23FEB  TSNCAN HK1   1725 2025         E
3. CAN/T CAN/T 020-38114969/GUANG DONG ZONG HENG TIAN DI ELECTRIC SHANG LV/WAN
   LIMING ABCDEFG
4. 13712335566
5. TL/0600/18FEB/CAN911
6. SSR INFT CZ NN1 TSNCAN 3158 Y28FEB LIU/XIAOLI 18NOV13/P1
7. OSI YY CTCT13712335566
8. OSI YY 1INF LIUXIAOLI INF/P1
9. RMK CA/MVSLM1
10. XN/IN/刘晓丽 INF(NOV13)/P1
11. CAN911
```

二、其他服务情况组(OSI)

其他服务情况组提供不需立即回答的服务的情况(如 VIP 旅客)，相应的电报或 QUEUE 将会出现在航空公司的有关部门。

指令格式：

>OSI：航空公司代码（服务类型）自由格式文本/旅客标识

指令格式说明:

(1) 指令中,航空公司代码和自由格式文本为必选项。

(2) OSI 项常见的服务类型代码如下:

CHD	儿童
CTCT	联系方式
CTCA	联系地址
INF	婴儿
SEMN	海员
TCP	完整团体人数
VIP	重要旅客
TKNO	票号

(3) 对于 VIP 旅客,要用 OSI 项注明 VIP 旅客的职务等相关信息。

例 4-19: 要客周济,身份为教育部部长,身份证号码为 123456654321123456,为其预订 2 月 18 日广州至北京 F 舱。

>AV CANPEK/18FEB

```
18FEB(TUE) CANBJS

1-  CZ4444   CANPEK 0800    1110    319 0 C   E    DS# FR PR WR SR YR BR MR HR KR UR*
2   CZ9999   CANPEK 0800    1110    787 0^C   E    DS# AR FR PR JR CR DR IR OR WR SR*
3   CZ3101   CANPEK 0801    1110    787 0^C   E    DS# A4 FA PQ JX CX DX IX OX WX SX*
4  *ZH1310   CANPEK 0825    1130    77L 0^B   E    AS# FA YA BS MS HS KS LS QS GS SA*
5   CA1310   CANPEK 0825    1130    77L 0^B   E    AS# FA A2 O1 WA YA BS MS HS KS LS*
6  *SK9510   CANPEK 0830    1130    333 0 B   E    DS# CA DA JA ZA YA SA BL EL ML HL*
7   HU7804   CANPEK 0840    1150    738 0^    E    DS# F8 ZQ PQ AQ YA BQ HQ KQ LQ MQ*
8   CZ3099   CANPEK 0900    1155    380 0^L   E    DS# A8 FA PQ YA BQ MQ HQ KQ UQ LQ*
9+  CZ3121   CANPEK 1000    1310    321 0^L   E    DS# FA PQ WA SQ YA BQ MQ HQ KQ UQ*
 ** PLEASE CHECK YI:CZ/TZ144 FOR ET SELF SERVICES CHECK-IN KIO
```

>SD7F1

```
1.  HU7804 F    TU18FEB  CANPEK DK1    0840 1150          738   0 R E --T1
2.CAN/T CAN/T-020-28318220/GZ MEIYA E-COMMERCE INTERNATIONAL BUSINESS TRAVEL
       CO./WULIMEI ABCDEFG
3. CAN826
```

>NM 1 周济
>CT13560358675
>TKTL/1200/15FEB/CAN826
>SSR FOID HU HK/NI123456654321123456
>OSI HU VIP SHI ZHOU/JI,JIAOYUBU BUZHANG
>RT

```
1.周济
2.  HU7804 F   TU18FEB  CANPEK DK1    0840 1150           738    0 R E --T1
3.CAN/T CAN/T-020-28318220/GZ MEIYA E-COMMERCE INTERNATIONAL BUSINESS TRAVEL
  CO./WULIMEI ABCDEFG
4.13560358675
5.TL/1200/15FEB/CAN826
6.SSR FOID HU HK1 NI12345665432112345/P1
7.OSI YY CTCT13560358675
8.OSI HU VIP IS ZHOU/JI,JIAOYUBU BUZHANG
9.CAN826
```

>@

```
JD7M49 -EOT SUCCESSFUL, BUT ASR UNUSED FOR 1 OR MORE SEGMENTS
  HU7804  F TU18FEB  CANPEK DK1    0840 1150
航空公司使用自动出票时限，请检查PNR
*** 预订酒店指令HC，详情   HC:HELP   ***
```

三、备注组(RMK)

备注组用来记录某些可能有助于了解旅客情况的信息。可以分为如下两类：
第一类为代理人手工输入的旅客的相关信息；
第二类是当CRS系统与PNR中所订的航空公司系统之间存在记录编号反馈的时候，返回航空公司系统中生成的PNR编码(大编码)。
手工加入备注组的格式：
>RMK：备注组类型 自由格式文本/旅客标识
系统自动加入备注组的常见格式：
>RMK：航空公司代码/航空公司系统中的记录编号
例4-20：查看PNR中返回的大编码。
>RT HQD56T

```
1. 李晓红 HQD56T
2.  CZ3158 Y   FR28DEC   TSNCAN HK1   1725 2025
3. 13712335566
4. TL/1200/05DEC/CAN099
5. RMK CA/MH6DYT
6. CAN911
```

说明：

(1) 该 PNR 中的第 5 个组项，即为航空公司系统返回的记录编码。

(2) 订取中国民航航空公司的航班,记录编码的返回形式均为

　　RMK CA/记录编码

注意此处的 CA 不代表国航，而代表所有中国民航航班。

例 4-21：为旅客添加备注信息。

>RT HQBWOH

>RMK：THE PSGR TRVL WITH PNR HQD56T

```
1. 刘毅 HQBWOH
2.  CZ3158 Y   FR28FEB   TSNCAN HK1   1725 2025        E
3. CAN/T CAN/T 020-38114969/GUANG DONG ZONG HENG TIAN DI ELECTRIC
   SHANG LV/WAN LIMING ABCDEFG
4. 13712335566
5. TL/0600/18FEB/CAN911
6. RMK CA/MVSLQ1
7. RMK THE PSGR TRVL WITH PNR HQD56T
8. CAN911
```

第六节　机上座位预订

机上座位预订功能使得旅客在订票的同时，能够预先选择航班上自己喜欢的位置(如靠窗、靠走廊等)。订座营业员使用 ASR 指令帮助旅客预订座位，相关信息会保存到 PNR 中，之后这些信息会被传送到离港系统中，离港系统的营业员将旅客接收到预订好的座位上。

一、指令格式

1. 显示座位图：

>ADM：航段序号

2．座位预订：

>ASR：航段序号/城市对/座位号码/旅客标识

二、预留座位流程

(1) 用AV指令查航班,ASR航班在AV显示的时候有一个^标识。

(2) 为旅客建立订座PNR信息，必须包括姓名组、航段组(所订航班必须是ASR航班)。

(3) 要确认航段后面有"R"标识才可以使用该功能。

(4) 使用ADM指令,查看该ASR航班的座位图。

(5) 使用ASR指令对ADM提供的座位中标记为*号的座位，为旅客进行机上座位的预订。

(6) PNR中会自动加入SSR SEAT项,说明营业员为旅客预订的座位号。

三、应用举例

例4-22：为旅客订座并进行机上座位预订。

>AV CANSHE/19FEB

```
19FEB(WED) CANSHE
1-  CZ6316   CANSHE 0800   1140   321 0^C  E   DS# FA PQ WA SQ YA BQ MQ HQ KQ UQ*
2   CZ352    CANSHE 1320   1700   321 0^L  E   DS# JA CQ DQ IQ OQ WA SQ YA BQ MQ*
3   CZ6302   CANSHE 1940   2310   320 0^C  E   DS# F8 PQ WA SQ YA BQ MQ HQ KQ UQ*
4   MU5316   CANPVG 0745   0955   320 0^S  E   DS# F8 PQ AQ YA BA MA EA HA KA LA*
    MU5609          SHE 1410  1620  320 0^     DS# F8 PQ AS YA KS BQ EQ HQ LQ MQ
5   CZ3101   CANPEK 0801   1110   787 0^C  E   DS# A4 FA PQ JX CX DX IX OX WX SX*
    CZ6104          SHE 1255  1420  319 0^  E  DS# F8 PQ WA SQ YA BQ MQ HQ KQ UQ*
6+  CZ3203   CANXIY 0750   1025   320 0^C  E   DS# F8 PQ WA SQ YA BA MA HA KA UA*
    CZ6470          SHE 1250  1605  320 1^  E  DS# F8 PQ WA SQ YA BQ MQ HQ KQ UQ*
```

>SD1Y2

```
1.  CZ6316 Y   WE19FEB CANSHE DK2    0800 1140          321 C 0  R E --T3
2.CAN/T CAN/T-020-28318220/GZ MEIYA E-COMMERCE INTERNATIONAL BUSINESS TRAVEL
   CO./WULIMEI ABCDEFG
3.CAN826
```

学习单元四　旅客订座记录

>NM 1张欣 1张颜

```
1.张欣 2.张颜
3.  CZ6316 Y   WE19FEB  CANSHE DK2   0800 1140        321 C 0  R E --T3
4.CAN/T CAN/T-020-28318220/GZ MEIYA E-COMMERCE INTERNATIONAL BUSINESS TRAVEL
    CO./WULIMEI ABCDEFG
5.CAN826
```

>ADM:3

```
CZ6316/Y/19FEB/CANSHE/321
   Y  3          4
       5 6 7 8 9 0 1 2 3 4 5 6 7 8 9
RK  X X X * * * * * * * * X * * * KR
RJ  X X X * * * * * * * * X * * * JR
RH  X X X * * * * * * * * X * * * HR
R   ==E========================  R
L   ==E========================  L
LC  X X X * * * * * * * * X * * * CL
LB  X X X * * * * * * * * X * * * BL
LA  X X X * * * * * * * * X * * * AL
       5 6 7 8 9 0 1 2 3 4 5 6 7 8 9
   Y  3          4
```

>ASR:3/CANSHE/39K/P1
>ASR:3/CANSHE/39J/P2

```
1.张欣 2.张颜
3.  CZ6316 Y   WE19FEB  CANSHE DK2   0800 1140        321 C 0  E --T3
4.CAN/T CAN/T-020-28318220/GZ MEIYA E-COMMERCE INTERNATIONAL BUSINESS TRAVEL
    CO./WULIMEI ABCDEFG
5.SSR SEAT CZ DK1 CANSHE 6316 Y19FEB 39JN/P2
6.SSR SEAT CZ DK1 CANSHE 6316 Y19FEB 39KN/P1
7.CAN826
```

>CT13560358675
>TKTL/1200/15FEB/CAN826
>\

```
CZ6316   Y TU18FEB   CANSHE DK1    0800 1140

HDFDGT -    航空公司使用自动出票时限，请检查PNR

***  预订酒店指令HC，详情    HC:HELP    ***
```

说明：

ADM指令显示的座位图中，符号所代表的含义如下：

- ＊ 可预订的座位
- X 不可预订的座位
- / 可预订但不可后仰的座位
- ! 已预订的座位
- . 已被ASR占用且已打印登机牌的座位
- B 婴儿摇篮座位
- C 对一般营业员不开放的座位
- H 残疾人座位
- M 多种座位类型(同样的座位在不同航段有不同的性质)
- = 默认的走廊符号
- E 紧急出口行
- I 婴儿行

第七节　PNR的提取

提取旅客订座记录的操作在日常工作中经常用到，营业员可以通过记录编号来提取，也可以根据旅客姓名或者旅客名单来提取；既可以查看PNR的现行部分，也可以查看PNR的完整内容。下面予以具体介绍。

一、根据记录编号提取PNR

指令格式：

>RT：记录编号

每个PNR在第一次封口后都会产生一个对应的记录编号，营业员可以根据这个记录编号来提取查看相应的PNR。记录编号由六位的字符和数字混合而成，是由系统自动生成的。

例4-23：提取记录编码为HQBW0H的PNR。

>RT：HQBW0H

```
1. 刘毅  HQBW0H
2.   CZ3158 Y    FR28FEB  TSNCAN HK1    1725 2025           E
3. CAN/T CAN/T 020-38114969/GUANG DONG ZONG HENG TIAN DI ELECTRIC SHANG
   LV/WAN LIMING ABCDEFG
4. 13712335566
5. TL/0600/18FEB/CAN911
6. RMK CA/MVSLQ1
7. CAN911
```

二、根据旅客姓名提取 PNR

指令格式：

>RT：姓名/航班/日期/航段

指令格式说明：

(1) 根据姓名提取PNR时，既可以输入旅客的全名，也可以只输入姓氏。

(2) 若只输入姓氏，航班上以该姓氏开头的旅客记录全部显示出来。

(3) 有些PNR中的姓名是英文字母，有些是中文，无论哪种输入，提取时都应输入字母。

(4) 航段参数通常省略。

例4-24：提取2月19日CZ6316航班上姓名为"张阳"的旅客订座记录。

>RT ZHANGYANG/CZ6316/19FEB

```
1. 张阳  JD7NGX
2.   CZ6316 Y    WE19FEB  CANSHE HK1    0800 1140           E --T3
3. CAN/T CAN/T-020-28318220/GZ MEIYA E-COMMERCE INTERNATIONAL BUSINESS TRAVEL
   CO./WULIMEI ABCDEFG
4. 13560453556
5. TL/0600/19FEB/CAN826
6. OSI YY CTCT4535
7. RMK CA/NZ228Z
8. CAN826
```

例4-25：提取2月19日CZ6316航班上姓"张"的旅客订座记录。

>RT ZHANG/CZ6316/19FEB

57

```
NAME LIST
CZ6316/19FEB
   001    1ZHANGXIN        JD7MPB Y HK2   CAN826 07FEB14
   002    1ZHANGYAN        JD7MPB Y HK2   CAN826 07FEB14
   003    1ZHANGYANG       JD7NGX Y HK1   CAN826 13FEB14
END
```

三、根据旅客名单提取 PNR

可以先用 ML 指令提取航班上由本部门建立的全部旅客记录，然后再根据序号来提取。

指令格式：

>ML:C/航班号/日期

>RT:序号

应用举例：

>ML C/CZ6316/19FEB

```
MULTI
CZ6316 /19FEB              C
CANSHE
   001    1LILI            JD7NM2 Y HK2   CAN826 13FEB        K
   002    1LIUMING         JD7NM2 Y HK2   CAN826 13FEB        K
   003    1ZHANGXIN        JD7MPB Y HK2   CAN826 07FEB14      K O S
   004    1ZHANGYAN        JD7MPB Y HK2   CAN826 07FEB14      K O S
   005    1ZHANGYANG       JD7NGX Y HK1   CAN826 13FEB        K O
TOTAL NUMBER     5
```

如果要提取其中的第一个记录，则输入

>RT1

```
1.李莉  2.刘明 JD7NM2
3.  CZ6316 Y   WE19FEB  CANSHE HK2   0800 1140          E --T3
4.CAN/T  CAN/T-020-28318220/GZ  MEIYA  E-COMMERCE  INTERNATIONAL  BUSINESS
   TRAVEL   CO./WULIMEI ABCDEFG
5.020-86124211
6. TL/0600/19FEB/CAN826
7. RMK CA/PH1XHE
8. CAN826
```

四、提取完整的 PNR

先来看一下PNR的结构：

(1) PNR的现行部分 —— RT看到的PNR的内容；

(2) PNR的历史部分 —— 被修改过的PNR的内容。

一个PNR在建立的过程中，有时会经过多次修改，营业员对订座记录的任何修改都会记录在PNR中。RT看到的PNR的内容是PNR的现行部分，若要查看完整的PNR的内容，可以使用RTC指令。

指令格式：

指令格式一

>RT:C/记录编号

指令格式二

>RT:记录编号

>RT:C

例 4-26：提取记录编号为 JD7NGX 的 PNR 完整内容。

>RT C/JD7NGX

004	HDQCA 9983 1112 13FEB /RLC3
	1.张阳(001) JD7NGX
001	2. CZ6316 Y WE19FEB CANSHE HK1 0800 1140 E --T3
	NN(001) DK(001) HK(001)
001	3.CAN/T CAN/T-020-28318220/GZ MEIYA E-COMMERCE INTERNATIONAL BUSINESS
	TRAVEL CO./WULIMEI ABCDEFG
001	4.13560453556
001	5.TL/0600/19FEB/CAN826
003	6.SSR FOID CZ HK1 NI440123198709092 15/P1
	HK(003)
001	7.OSI YY CTCT4535
002	8.RMK CA/NZ228Z
001	9.CAN826

>PN

001	CAN826 57583 0903 13FEB
002	HDQCA 9983 0903 13FEB /RLC1
003	CAN826 57583 1112 13FEB
004	HDQCA 9983 1112 13FEB /RLC3

说明：

(1) PNR中每一项前面的序号(001，002，003，004)表示这一项是在第几次封口时加入的。从上面的PNR中可以看出：

第一步，所有序号为001的项，均是第一次封口时完成的，PNR中加入了姓名组、航段组、代理人联系组、旅客联系电话和责任组；

第二步，加入了RMK项；

第三步，加入了旅客身份证信息；

最上面的004项表示这个PNR的最后一次修改是第四步，并且标出了修改时间和工作号。

(2) 使用PN指令翻页后的内容解释如下：

第一行：

CAN826部门的工作号为57583的营业员在GMT时间2月13日9:03第一次封口，PNR生效。

第二行：

航空公司系统返回记录编号(RLC1)，HDQCA为ICS系统标识，9983为系统内置工作号，时间为GMT时间2月13日9:03。

第三行：

第三次封口时，CAN826部门的工作号为57583的营业员对PNR进行了修改，增加了旅客身份证信息，时间是GMT时间2月13日11:12。

第四行：

航空公司系统对营业员在第三次封口时所作的修改进行了确认，时间为GMT时间2月13日11:12。

五、返回到PNR的现行部分

营业员使用RTC查看PNR的完整内容后，如果需要返回到PNR的现行部分，使用RTA指令即可。

指令格式：

>RT:A

例4-27：如例4-26中，返回到PNR的现行部分。

>RT:A

```
1. 张阳  JD7NGX
2.   CZ6316 Y    WE19FEB  CANSHE  HK1    0800  1140              E --T3
3. CAN/T  CAN/T-020-28318220/GZ  MEIYA  E-COMMERCE  INTERNATIONAL  BUSINESS
   TRAVEL CO./WULIMEI ABCDEFG
```

```
   4. 13560453556
   5. TL/0600/19FEB/CAN826
   6. SSR FOID CZ HK1 NI44012319870909215/P1
   7. OSI YY CTCT4535
   8. RMK CA/NZ228Z
   9. CAN826
```

第八节　PNR 的取消

一、取消旅客

　　PNR建立之后，如果其中一部分旅客取消了行程，那么营业员应做删除旅客的操作。

　　指令格式：

　　＞XE Pn

　　指令说明：

　　(1) Pn为旅客序号。

　　(2) 如果要删除多名旅客，可以一次完成，也可以分多次完成删除操作。

　　(3) 如果PNR中所有航段状态都是NO，不允许XE删减旅客，错误提示：CAN NOT CANCL OR SPLT PASSENGER IF SEGMENTS ARE NO STATUS

　　应用举例：

　　＞RT HDFEDQ

```
 1. 王飞 2. 王静 3. 吴晓燕 4. 张亮 5. 张明   HDFEDQ
 6.  CZ6302 Y   WE19FEB  CANSHE HK5   1940 2310          E --T3
 7. CAN/T CAN/T-020-28318220/GZ MEIYA E-COMMERCE INTERNATIONAL BUSINESS
    TRAVEL    CO./WULIMEI ABCDEFG
 8. 13588991234
 9. TL/1740/19FEB/CAN826
10. OSI YY CTCT13588991234
11. RMK CA/MLKP9M
12. CAN826
```

　　假如该PNR中的两名王姓旅客取消了行程，应将其从PNR中删除，操作如下：

　　＞XE P1/2

```
  3.吴晓燕 4.张亮 5.张明 HDFEDQ
  6.  CZ6302 Y   WE19FEB  CANSHE HK3   1940 2310         E --T3
  7.CAN/T CAN/T-020-28318220/GZ MEIYA E-COMMERCE INTERNATIONAL BUSINESS
     TRAVEL    CO./WULIMEI ABCDEFG
  8.13588991234
  9.TL/1740/19FEB/CAN826
 10.OSI YY CTCT13588991234
 11.RMK CA/MLKP9M
 12.CAN826
```

>@

封口之后，删除操作即可生效。

二、取消组项

如果需要取消姓名组之外的其他组项，可以用XE指令。
指令格式：
>XE:序号
指令说明：
可以一次删除多个组项。
应用举例：
>RT HDFEDQ

```
  1.吴晓燕 2.张亮 3.张明 HDFEDQ
  4.  CZ6302 Y   WE19FEB  CANSHE HK3   1940 2310         E --T3
  5.CAN/T CAN/T-020-28318220/GZ MEIYA E-COMMERCE INTERNATIONAL BUSINESS
     TRAVEL    CO./WULIMEI ABCDEFG
  6.13588991234
  7.TL/1740/19FEB/CAN826
  8.OSI YY CTCT13588991234
  9.RMK CA/MLKP9M
 10.CAN826
```

>XE 6/7

```
1.吴晓燕 2.张亮 3.张明  HDFEDQ
4.   CZ6302 Y    WE19FEB  CANSHE HK3    1940 2310           E --T3
5.CAN/T CAN/T-020-28318220/GZ MEIYA E-COMMERCE INTERNATIONAL BUSINESS
   TRAVEL CO./WULIMEI ABCDEFG
6.TL/1740/19FEB/CAN826
7.RMK CA/MLKP9M
8.CAN826
```

>@

封口之后，删除操作即可生效。

三、取消整个PNR

如果PNR中的所有旅客均取消了行程，营业员应取消整个PNR。

指令格式：

>XEPNR@ 或 XEPNR\

例4-28：取消记录编号为JD7NGX的PNR。

>RT JD7NGX

>XEPNR\

```
PNR CANCELLED JD7NGX
```

此时，如果提取该编码，结果如下：

>RT JD7NGX

```
*THIS PNR WAS ENTIRELY CANCELLED*
006      HDQCA 9983 1312 13FEB /RLC5
     X1.张阳(001)  JD7NGX
001 X2.  CZ6316 Y    WE19FEB  CANSHE XX1    0800 1140         E --T3
         NN(001)   DK(001)    HK(001)    XX(005)
001 X3.CAN/T CAN/T-020-28318220/GZ MEIYA E-COMMERCE INTERNATIONAL BUSINESS
          TRAVEL CO./WULIMEI ABCDEFG
001 X4. 13560453556
001 X5. TL/0600/19FEB/CAN826
003 X6. SSR FOID CZ XX1 NI440123198709092 15
         HK(003)    XX(005)    XX(005)
001 X7. OSI YY CTCT4535                                                  +
```

63

说明：

PNR一旦取消将无法恢复。

第九节　PNR 的修改

营业员在日常工作中经常会遇到需要修改PNR的情况，如姓名、航段、身份证信息等，其中姓名组的修改与其他组项的修改方式不同，下面予以具体介绍。

一、姓名组的修改

指令格式：
>姓名序号/修改的旅客数　旅客正确姓名

例4-29：将PNR中第二名旅客的名字更改为"王强"。

>2/1 王强

说明：
营业员应用上述格式修改旅客姓名时，如果系统返回如下提示：

    NO Name Change for CZ/Y

说明航空公司(此处为南航)限制修改旅客姓名。

二、其他组项的修改

修改姓名组之外的其他组项，可以用"XE：序号"先取消该项，然后再重新输入该组项的正确内容。

三、分离PNR

PNR建立之后，如果其中的一部分旅客要求更改航程，此时要用SP指令将这部分旅客分离出来，生成一个新的PNR，然后再修改其航程；而其他旅客将保留在原PNR中。

指令格式：
>SP:旅客序号/旅客序号……

例4-30：提取记录编号为HDFEDQ的PNR，分离其中的两名旅客。

>RT HDFEDQ

```
1.吴晓燕 2.张亮 3.张明  HDFEDQ
4.  CZ6302 Y   WE19FEB  CANSHE HK3   1940 2310        E --T3
5.CAN/T CAN/T-020-28318220/GZ MEIYA E-COMMERCE INTERNATIONAL BUSINESS TRAVEL
  CO./WULIMEI ABCDEFG
6.TL/1740/19FEB/CAN826
7.RMK CA/MLKP9M
8.CAN826
```

学习单元四　旅客订座记录

>SP 2/3

```
1.张亮 2.张明
3.  CZ6302 Y    WE19FEB  CANSHE HK2   1940 2310         E --T3
4.CAN/T CAN/T-020-28318220/GZ MEIYA E-COMMERCE INTERNATIONAL BUSINESS TRAVEL
  CO./WULIMEI ABCDEFG
5.TL/1740/19FEB/CAN826
6.RMK CA/MLKP9M
7.CAN826
```

>@

```
HDFEDH SPLIT FROM HDFEDQ
 航空公司使用自动出票时限，请检查PNR
 CZ6302  Y WE19FEB  CANSHE HK2    1940 2310
 请确认新记录中相关航空公司记录号是否更新
```

说明：

(1) 一个PNR只能分离一次。

(2) 如果PNR中所有航段状态都是NO，不允许SP分离旅客，否则系统提示：
　　CAN NOT CANCL OR SPLT PASSENGER IF SEGMENTS ARE NO STATUS

第十节　PNR的还原

所有对于PNR的修改，包括删除旅客、删除组项、修改组项、分离PNR等操作，只有在封口以后才能生效。因此在修改PNR的过程中，如果封口之前发现所做的修改不正确，可以使用IG指令将PNR还原到修改前的样子。

指令格式：

>IG 或 >I

例4-31：提取记录编号为HDFEDH的旅客订座记录。

>RT HDFEDH

```
1.张亮 2.张明 HDFEDH
3.  CZ6302 Y    WE19FEB  CANSHE HK2   1940 2310         E --T3
4.CAN/T  CAN/T-020-28318220/GZ MEIYA E-COMMERCE INTERNATIONAL BUSINESS
  TRAVEL   CO./WULIMEI ABCDEFG
```

65

```
5. TL/1740/19FEB/CAN826
6. RMK CA/PH1XJ3
7. CAN826
```

>XE 3

```
1. 张亮  2. 张明  HDFEDH
3. CAN/T CAN/T-020-28318220/GZ MEIYA E-COMMERCE INTERNATIONAL BUSINESS
   TRAVEL   CO. /WULIMEI ABCDEFG
4. TL/1740/19FEB/CAN826
5. RMK CA/PH1XJ3
6. CAN826
```

>SS CA1310/Y/18FEB/CANPEK/NN2

```
1. 张亮  2. 张明  HDFEDH
3.  CA1310 Y   TU18FEB  CANPEK DK2    0830 1130           33A B 0  R E --T3
4. CAN/T CAN/T-020-28318220/GZ MEIYA E-COMMERCE INTERNATIONAL BUSINESS
   TRAVEL   CO. /WULIMEI ABCDEFG
5. TL/1740/19FEB/CAN826
6. RMK CA/PH1XJ3
7. CAN826
```

>IG

```
RT:HDFEDH IGNORED
```

系统提示代理人订座记录HDFEDH被还原了。此时，重新提取可以看到该PNR已被还原到修改之前的状态了。

>RTHDFEDH

```
1. 张亮  2. 张明  HDFEDH
3.  CZ6302 Y   WE19FEB  CANSHE HK2    1940 2310           E --T3
4. CAN/T CAN/T-020-28318220/GZ MEIYA E-COMMERCE INTERNATIONAL BUSINESS TRAVEL
   CO. /WULIMEI ABCDEFG
5. TL/1740/19FEB/CAN826
6. RMK CA/PH1XJ3
7. CAN826
```

第十一节 团体 PNR 处理

在日常工作中,代理人有时会遇到预订团体客票的情况,在 CRS 系统中,9 人以上必须建立团体 PNR(不包括 9 人),9 人以下建立散客 PNR。团体 PNR 跟散客 PNR 的处理稍有区别,下面具体介绍。

一、团体 PNR 的建立

团体 PNR 与散客 PNR 的区别是增加了团体姓名组 GN。
指令格式:
>GN:团体订座总人数 团名
指令格式说明:
(1) 团体姓名组(GN 项)是团体 PNR 不可缺少的组项。
(2) 团名只可由英文字母和斜线(/)组成,不可用中文做团名。
(3) 团名最长为 50 个字符,最短为 2 个字符。
(4) 团名建立后不可更改。
(5) 在代理人系统中,9 人以上 PNR 必须成团,9 人以下不能成团。
(6) 一个团体最多可有 511 名旅客。
(7) 旅客姓名可以在建立团体 PNR 时输入,也可在以后分步输入。

例 4-32:建立一个 30 人的团体 PNR,团名为 XIYANGHONG。
>AV CANSHE/20FEB

```
20FEB(THU) CANSHE
1-  CZ6316   CANSHE 0800   1140   321 0^C  E   DS# FA PQ WA SQ YA BQ MQ HQ KQ UQ*
2   CZ352    CANSHE 1320   1700   321 0^L  E   DS# JA CQ DQ IQ OQ WA SQ YA BQ MQ*
3   CZ6302   CANSHE 1940   2310   320 0^C  E   DS# F8 PQ WA SQ YA BQ MQ HQ KQ UQ*
4   MU5316   CANPVG 0745   0955   320 0^S  E   DS# F8 PQ AQ YA BA MA EA HA KA LA*
    MU5609   SHE    1410   1620   320 0^   E   DS# F8 PQ AS YA KS BQ EQ HQ LQ MQ*
5   CZ3101   CANPEK 0801   1110   787 0^C  E   DS# A4 FA PQ JX CX DX IX OX WX SX*
    CZ6104   SHE    1255   1420   319 0^   E   DS# F8 PQ WA SQ YA BQ MQ HQ KQ UQ*
6+  CZ3203   CANXIY 0750   1025   320 0^C  E   DS# F8 PQ WA SQ YA BA MA HA KA UA*
    CZ6470   SHE    1250   1605   320 1^   E   DS# F8 PQ WA SQ YA BQ MQ HQ KQ UQ*
```

>SD3Y30

```
1. CZ6302  Y    TH20FEB   CANSHE  NN30   1940 2310          320 C    R E --T3
2. CAN/T CAN/T-020-28318220/GZ MEIYA E-COMMERCE INTERNATIONAL BUSINESS TRAVEL
   CO./WULIMEI ABCDEFG
3. CAN826
```

>GN 30XIYANGHONG

>CT 13577556688

>TKTL/1200/15FEB/CAN826

```
0. 30XIYANGHONG NM0
1. CZ6302  Y    TH20FEB   CANSHE  NN30   1940 2310          320 C    R E --T3
2. CAN/T CAN/T-020-28318220/GZ MEIYA E-COMMERCE INTERNATIONAL BUSINESS TRAVEL
   CO./WULIMEI ABCDEFG
3. 13577556688
4. TL/1200/15FEB/CAN826
5. OSI YY CTCT13577556688
6. CAN826
```

>@

```
CZ6302   Y TH20FEB   CANSHE  NN30   1940 2310
HDFEF1 -EOT SUCCESSFUL, BUT ASR UNUSED FOR 1 OR MORE SEGMENTS
```

说明：

(1) NM 项代表该团中已输入旅客的姓名数,本例未输入旅客姓名,故 NM 数为 0；输入几个姓名,NM 后即为相应的已输入的旅客姓名数。

(2) 团体 PNR 中团名 GN 项必须输入。

(3) 即使航班有座位,团体 PNR 的座位状态也应是申请,该申请会进入航空公司相应的信箱中(QUEUE),控制人员确认座位；若有座位,控制人员会将行动代码由"HN"改变为"KK"；若没有座位,将行动代码由"HN"改变为"UU"。

例 4-33：输入团体 PNR 中的旅客姓名,并显示旅客名单。

>RT HDFEF1

>NM 1 张明 1 李莉 1 王艳

```
0. 30XIYANGHONG NM3 HDFEF1
4. CZ6302  Y    TH20FEB   CANSHE  HN30   1940 2310                   E --T3
5. CAN/T CAN/T-020-28318220/GZ MEIYA E-COMMERCE INTERNATIONAL BUSINESS TRAVEL
   CO./WULIMEI ABCDEFG
```

```
   6.13577556688
   7.TL/1200/15FEB/CAN826
   8.OSI YY CTCT13577556688
   9.RMK CA/PH1XN9
  10.CAN826
```

>RTN

```
   0.30XIYANGHONG NM3 HDFEF1
   2.李莉  3.王艳  1.张明
   4.  CZ6302 Y   TH20FEB  CANSHE HN30   1940 2310         E --T3
   5.CAN/T CAN/T-020-28318220/GZ MEIYA E-COMMERCE INTERNATIONAL BUSINESS TRAVEL
     CO./WULIMEI ABCDEFG
   6.13577556688
   7.TL/1200/15FEB/CAN826
   8.OSI YY CTCT13577556688
   9.RMK CA/PH1XN9
  10.CAN826
```

说明：

RTN 指令用来显示团体 PNR 中的旅客名单。

二、团体 PNR 的分离

团体 PNR 建立后，如果其中的部分旅客提出了更改航程的需求，需要使用 SP 指令将这部分旅客分离出来，然后去修改其航段组。具体操作方法如下：

(1) 分离已录入姓名的旅客，方法与散客 PNR 的分离方法相似：

>SP:旅客序号/旅客序号/……

(2) 分离未录入姓名的旅客,只需要指定所要分离的旅客人数,即分离这部分旅客所占的座位：

>SP:G 人数

(3) 同时分离已录入姓名的旅客和未录入姓名的旅客所占的座位：

>SP:G 座位数/旅客序号/旅客序号……

例 4-34：分离记录编号为 HDFEF1 的团体 PNR 中的三名旅客，其中一名旅客姓名已录入，另外两名姓名未录入。

>RT HDFEF1

>RTN

```
0.30XIYANGHONG NM3 HDFEF1
1.李莉 2.王艳 3.张明
4.  CZ6302 Y   TH20FEB  CANSHE HN30   1940 2310          E --T3
5.CAN/T CAN/T-020-28318220/GZ MEIYA E-COMMERCE INTERNATIONAL BUSINESS TRAVEL
   CO./WULIMEI ABCDEFG
6.13577556688
7.TL/1200/15FEB/CAN826
8.OSI YY CTCT13577556688
9.RMK CA/PH1XN9
10.CAN826
```

>SP G2/2

```
0.3XIYANGHONG NM1
1.王艳
2.  CZ6302 Y   TH20FEB  CANSHE HN3   1940 2310          E --T3
3.CAN/T CAN/T-020-28318220/GZ MEIYA E-COMMERCE INTERNATIONAL BUSINESS TRAVEL
   CO./WULIMEI ABCDEFG
4.13577556688
5.TL/1200/15FEB/CAN826
6.OSI YY CTCT13577556688
7.RMK CA/PH1XN9
8.CAN826
```

>@

```
JD7NNH SPLIT FROM HDFEF1
 CZ6302  Y TH20FEB  CANSHE HN3   1940 2310
 请确认新记录中相关航空公司记录号是否更新
```

注意：PNR 的分离只能做一次。

三、团体 PNR 的取消

如果团体 PNR 中的部分旅客取消了行程，营业员应该做删除旅客的操作。具体方法如下：

(1) 取消已录入姓名的旅客：

>XE:P/旅客序号/旅客序号……

(2) 取消未录入姓名的旅客所占的座位：

>XE:G 座位数

(3) 同时取消指定姓名的旅客和没有指定姓名的座位：

>XE:G 座位数/P/旅客序号/……

如果团体 PNR 中的所有旅客取消了行程，营业员应该取消整个 PNR，输入

>XEPNR@ 或 >XEPNR\

例 4-35：取消记录编号为 HDFEF1 的团体 PNR 中的三名旅客，其中一名旅客姓名已录入，另外两名姓名未录入。

>RT HDFEF1

>RTN

```
0.27XIYANGHONG NM2 HDFEF1
1.李莉 2.张明
3.  CZ6302 Y    TH20FEB   CANSHE HN27   1940 2310              E --T3
4.CAN/T  CAN/T-020-28318220/GZ  MEIYA  E-COMMERCE  INTERNATIONAL  BUSINESS
   TRAVEL   CO./WULIMEI ABCDEFG
5.13577556688
6.TL/1200/15FEB/CAN826
7.OSI YY CTCT13577556688
8.RMK CA/PH1XN9
9.CAN826
```

>XE G2/P1

```
0.24XIYANGHONG NM1 HDFEF1
2.张明
3.  CZ6302 Y    TH20FEB   CANSHE HN24   1940 2310              E --T3
4.CAN/T CAN/T-020-28318220/GZ MEIYA E-COMMERCE INTERNATIONAL BUSINESS TRAVEL
   CO./WULIMEI ABCDEFG
5.13577556688
```

```
6. TL/1200/15FEB/CAN826
7. OSI  YY CTCT13577556688
8. RMK CA/PH1XN9
9. CAN826
```

>@

说明:

本例中,可以将指令>XE G2/P1 分解为两个指令>XE G2 和>XE P1,分两步完成取消操作。

思 考 题

1. 提取 PNR 后,发现旅客的身份证号码输入有误,应如何处理?
2. PNR 建立后,部分旅客提出了更改行程的需求,应如何处理?
3. PNR 建立后,全部旅客提出了更改行程的需求,应如何处理?
4. PNR 建立后,部分旅客提出了取消行程的需求,应如何处理?
5. PNR 建立后,全部旅客提出了取消行程的需求,应如何处理?

学习单元五　CRS 自动出票操作

实训目的和要求

(1) 掌握出票 PNR 的构成；
(2) 掌握手工输入票价组三项的方法；
(3) 掌握使用 PAT 指令自动产生票价组三项的方法。
(4) 掌握出票的基本流程。

实训内容

(1) 成人单程出票 PNR 建立并出票；
(2) 成人联程/来回程出票 PNR 建立并出票；
(3) 成人缺口程出票 PNR 建立并出票；
(4) 含有儿童的出票 PNR 建立并出票；
(5) 含有婴儿的出票 PNR 建立并出票。

第一节　出票 PNR 建立

一、出票 PNR 的构成

早期手工出票时，营业员需要按照旅客订座记录，即 PNR 的内容，将航班信息、票价等填开在客票上。CRS 自动出票系统中，营业员只需在订座 PNR 中增加几项内容，就可以在打票机上出票或生成电子客票。

在前面的章节中，大家已经了解到订座 PNR 中包括如下组项：

(1) 姓名组(NM)；
(2) 航段组(SD、SS)；
(3) 联系组(CT)；
(4) 出票时限组(TK)；
(5) 备注组(RMK)；

(6) 特殊服务组(SSR);

(7) 其他信息组(OSI)。

对应于订座PNR,出票PNR需要添加如下几项:

(1) 票价组(FN);

(2) 票价计算组(FC);

(3) 付款方式组(FP);

(4) 签注组(EI);

(5) 旅游代号组(TC)。

其中,票价组、票价计算组和付款方式组是出票PNR中不可缺少的组项,而签注组和旅游代号组则是可选组项。

二、出票PNR中相关指令说明

(一) 票价组

FN指令输入的各个参数分别用于构建客票票面价、现金收受、佣金、税款等栏目的内容。

指令格式:

>FN:FCNYxxxx.00/SCNYxxxx.00/Cx.00/TCNYxx.00CN/TCNYxx.00YQ

输出显示:

FN:FCNYxxxx.00/SCNYxxxx.00/Cx.00/XCNYxx.00/TCNYxx.00CN/TCNYxx.00YQ/ACNYxxxx.00

结果识读:

1. FCNY xxxx.00

F——初次开票标识　　CNY——人民币　　xxxx.00——票价

2. SCNYxxxx.00

S——现金收受标识

3. Cx.00

C——代理费标识　　x.00——代理费费率

4. TCNYxx.00CN

T——税金标识　　xx.00——税额　　CN——税种代码

5. XCNYxx.00——税金总和

6. ACNYxxxx.00——票款总和

说明:

(1) 目前国内票只有两种税:CN和YQ。

(2) FN项最多能输入3种税,超过3种以上的税,以XT(综合税)表示。

(3) 当出儿童票或婴儿票时,CN豁免,则税项输入TEXEMPTCN。

(4) 当出婴儿票时,YQ豁免,则税项输入TEXEMPTYQ。

(5) 婴儿的FN项要加标识IN/,即:FN:IN/FCNY……

(6) 当该 FN 项为某位旅客专用时,则在最后输入/Pn。
(7) 婴儿客票的代理费为 0,即 C0.00。

举例:

```
1.李莉    2．王强   3．豆豆 CHD
4.CZ3101 Y    WE23FEB   CANPEK DK3    0820   1055
5.XN/IN/月月 INF(DEC06)/P1
   ......
```

在该 PNR 中,有两名成人旅客,一名儿童,一名婴儿,所以票价组应输入:
>FN：FCNY1700.00/SCNY1700.00/C3.00/TCNY50.00CN/TCNY140.00YQ
>FN：FCNY850.00/SCNY850.00/C3.00/TEXEMPTCN/TCNY70.00YQ/P3
>FN：IN/FCNY170.00/SCNY170.00/C0.00/TEXEMPTCN/TEXEMPTYQ
......

(二) 票价计算组

FC 用于输入票价计算的过程,解释 FN 项中的票面价如何构成,用于构建客票上票价计算栏中的票价计算横式。

国内客票 FC 项的常用输入格式有如下四种:

1. 单程 FC 项输入格式

>FC：始发城市 承运人 到达城市 票价及票价类别 CNY 总票价 END

举例:
>FC CAN CZ PEK 1700.00Y CNY 1700.00 END

2. 联程(来回程)FC 项输入格式

>FC：始发城市 承运人 到达城市 票价及票价类别 承运人 到达城市 票价及票价类别 CNY 总票价 END

举例:
>FC CAN CA PEK 1700.00Y CA SHA 1130.00 CNY 2830.00 END

3. 中转联程 FC 项输入格式

由多个航班通过中转的方式到达目的地的航程叫做中转联程,全程多个航段视为一个运价区所使用的票价,即为中转联程票价。由于中转联程票价比正常直达票价优惠,所以受到自费旅客的青睐。此类 PNR 票价计算组的输入格式如下:

>FC：始发城市 承运人 中转城市 承运人 到达城市 票价及票价类别 CNY 总票价 END

举例:重庆到沈阳直达 Y 舱票价为 1810 元,如果旅客选择在武汉中转,票价可以低至 680 元。
>FC CKG CZ WUH CZ SHE 680.00B CNY 680.00 END

注意：中转联程机票一般都有很多限制条件，所以营业员一定要根据航空公司的销售政策来处理。

4. 缺口程 FC 项输入格式：

>FC：始发城市 承运人 到达城市 票价及票价类别 //第二段出发城市 承运人 到达城市 票价及票价类别 CNY 总票价 END

举例：

>FC：CAN CZ PEK 1700.00Y //SHA CZ CAN 1280.00Y CNY 2980.00 END

说明：

(1) 输入 FC 之前，必须先建立航段组，FC 的输入内容必须与航段相匹配，否则系统不接收，显示 ITINERARY DOES NOT MATCH FC 或 ITIN/FC。

(2) FC 内容超过一行时，在第二行先输入"-"，再输入其他内容。

(3) 客票打印完后，FC 将进入历史部分。

(4) 婴儿的 FC 项，需加标识 IN/，即 FC:IN/……

(5) 如果该 FC 项为某个旅客专用，则在 FC 最后输入/Pn。

（三）付款方式组

FP 指令可以将旅客的付款方式记录在 PNR 中，用于构建客票上付款方式栏的内容。

(1) 旅客以人民币现金形式支付票款，指令格式为：

>FP：CASH,CNY

(2) 旅客以人民币支票形式支付票款，指令格式为：

>FP：CHECK,CNY   或   >FP：CHEQUE,CNY

说明：

(1) 婴儿 FP 项输入时要加 IN/，即 FP:IN/……

(2) 如果该 FP 项为某个旅客专用，则在 FP 最后输入/Pn。

（四）签注信息

EI 指令用于输入机票使用的限制信息，构建票面上签注栏的内容。

指令格式：

>EI：自由文本格式

举例：

>EI：不得签转 不得退票

说明：

(1) EI 项应根据航空公司的文件规定输入相应的内容，国内票不得超过 29 个字符，国际票不得超过 58 个字符，在输入第 29 个字符后应空一格。

(2) 婴儿签注信息输入格式：>EI:IN/自由文本。

(3) 客票打印后，EI 项进入 PNR 历史部分。

(五) 旅游代号

TC 指令用于输入旅游代号，也可以按航空公司要求输入相应的自由格式的内容，出票时，该项内容将打印在客票的旅游代号栏中。

指令格式：

>TC：F/航空公司给出的旅游代号

举例：

>TC:F/CN301A

说明：

(1) TC 项应根据航空公司的文件规定输入。

(2) 客票打印后，TC 项进入 PNR 历史部分。

三、国内运价自动计算指令

(一) PAT：

PAT 指令可以根据 PNR 中已有的航程信息，自动从系统的 FD 数据库中找到适用的运价并进行相加，进而给出参考的 FN、FC、FP 的输入格式。

指令格式：

>PAT：   自动生成成人 FN、FC、FP 指令

>PAT：*CH   自动生成儿童 FN、FC、FP 指令

>PAT：*IN   自动生成婴儿 FN、FC、FP 指令

>PAT：/Pn   自动生成指定旅客 FN、FC、FP 指令

例 5-1：

```
>RT   JQY9R2
 1.GAO/WX JQY9R2
 2.  CZ3099 M    TU12NOV   CANPEK HK1   0900 1155        E --T2
 3.  CZ6657 T    FR15NOV   PEKHRB HK1   0735 0940        E T2--
    ……
>PAT:
>FN FCNY 2140.00/ SCNY2140.00/ C3.00/ TCNY100.00CN/ TCNY280.00YQ
FC CAN CZ PEK 1280.00M CZ HRB 860.00T
-  CNY 2140.00 END
FP CASH, CNY
>RT
1.GAO/WX JQY9R2
 2.   CZ3099 M    TU12NOV   CANPEK HK1   0900 1155       E --T2
 3.   CZ6657 T    FR15NOV   PEKHRB HK1   0735 0940       E T2--
    ……
```

```
7. FC/CAN CZ PEK 1280.00M CZ HRB 860.00T CNY2140.00END
   ……
10. FN/FCNY2140.00/SCNY2140.00/C3.00/XCNY380.00/TCNY100.00CN/TCNY280.00YQ/ACNY2520.00
11. FP/CASH,CNY
   ……
```

说明：

使用 PAT 之后，系统自动生成 FN、FC、FP 三条指令，代理人只要将光标放在 FP 指令末尾提交，即可在 PNR 中添加 FN、FC、FP 三项内容；如果需要，代理人也可对系统生成的指令进行适当修改，之后再提交。

（二）PAT:A

PAT:A 运价自动计算指令是为了简化代理人票价查询、计算流程，减少出票过程中的人为操作失误，提高工作效率而设计开发的。在原有 PAT: 运价指令的基础上，增加了指令参数 A。

输入 PAT:A 后，系统将根据 PNR 中的航段信息，自动进行运价数据的比对，并返回符合条件的运价结果。除可产生 FN/FC/FP 项外，还可自动产生 EI 项和 TC 项，完成运价计算的自动处理。代理人无需也无法进行修改，从而减少了运价出错的概率。

指令格式：

>PAT:A   计算成人散客票价
>PAT:A*CH   计算儿童票价
>PAT:A*IN   计算婴儿票价
>PAT:A/Pn   计算指定旅客票价
>PAT:A*JC   计算因公带伤警察票价
>PAT:A*GM   计算伤残军人票价

例 5-2：

```
>RT  JQY9R4
 1.张心妍 JQY9R4
 2.  CZ6316 L   TH07NOV  CANSHE HK1   0800 1140        E --T3
 3.  CZ6301 H   SU10NOV  SHECAN HK1   0830 1230        E T3--
     ……
 >PAT:A
01 L+H FARE:CNY3240.00 TAX:CNY100.00 YQ:CNY280.00  TOTAL:3620.00
 >SFC:01
```

此时，在指令 SFC:01 后面双击即可将 FC/FN/FP/EI/TC 项穿入到 PNR 中。

说明：

(1) 不可以对计算结果进行修改。

(2) 目前国内航空公司陆续开通此功能。

第二节　打票指令

出票 PNR 中必须包含以下几项方可出票：

姓名组(NM)

航段组(SD)

联系组(CT)

证件信息(SSR)

票价组(FN)

票价计算组(FC)

付款方式组(FP)

如果出票前 PNR 中有出票时限，必须将该项删除，才可以打印客票。

一、打印纸质客票

营业员可使用 DZ 指令来打印纸质客票，打票时，系统会检查 PNR 中的各项数据是否完整、一致、正确；然后，系统会给出该 PNR 中所有被打印客票的票价总数以及 PNR 的记录编号，随后从打票机上将客票打印出来。

指令格式：

>DZ:打票机序号　[/旅客序号][,结算航空公司两字代码] [,出票选项]

说明：

(1) 出票选项包括以下两种，如不指定则表示同时打印成人及其携带婴儿客票：

　　ADL ——只打印指定旅客序号的成人客票

　　INF ——只打印指定旅客序号的婴儿客票

(2) 当营业员做 DZ 指令之后，系统会自动对该 PNR 进行封口操作。

(3) 一次打印的团体旅客的客票数最多为 30；大于 30 人的团体可分多次打票，如：

>DZ:1/P1－P30

>DZ:1/P31－P40

举例：

(1) 在本部门的 2 号打票机上打印整个 PNR 中的旅客客票：

>DZ:2

(2) 用 CA 的票证打印客票：

>DZ:2,CA

(3) 打印第二位旅客客票，如果该旅客携带婴儿，则同时打印婴儿票：

>DZ:2/P2

(4) 单独打印第二位旅客客票：

>DZ:2/P2,ADL

(5) 单独打印第二位旅客携带的婴儿客票：

>DZ:2/P2,INF

(6) 用 CA 的票证打印第二位旅客携带的婴儿票：

>DZ:2/P2,CA,INF

二、打印电子客票

打印电子客票使用的指令为 ETDZ，其格式和 DZ 指令相同，在此不再赘述。

说明：

营业员作 ETDZ 指令之后，会在系统中产生一张电子客票的票面，以电子映像的形式保存在系统中，并不是打印出一张行程单。

第三节 出票实例

一、直接出票实例

>AV H/CANWUH/8NOV/CZ

```
08NOV(FRI) CANWUH VIA CZ
1-  CZ6589   DS# F8 PQ WA SQ YA BQ MQ HQ KQ UQ   CANWUH 0800   0940   73G 0^C E
>             LQ QQ EQ VQ ZQ TA NA RA GQ X1                            1:40
2   CZ3042   DS# J8 CQ DQ IQ OQ WA SQ YA BQ MQ   CANWUH 0810   0950   73G 0^C E
>             HQ KQ UQ LQ QQ EQ VQ ZQ TQ N1 RA GQ X2                   1:40
3   CZ3168   DS# AR FR PR JR CR DR IR OR WR SR   CANWUH 1040   1225   738 0^C E
>             YR BR MR HR KR UR LR QR ER VR ZR TR NR RR GR XR          1:45
4+  CZ368    AS# J8 CQ DQ IQ OQ WA SQ YA BA MA   CANWUH 1245   1430   738 0^C E
>             HA KA UA LA QA EA VQ ZQ TQ NQ RA GQ X2                   1:45
```

>SD 1Y/RR1

学习单元五 CRS 自动出票操作

```
  1.   CZ6589 Y    FR08NOV  CANWUH DR1    0800 0940          73G C 0  R E
  2. CAN/T CAN/T 020-86124211/GUANG DONG HEXIN SHANG LV/WANG JUN  ABCDEFG
  3. CAN999
```

>NM1 张欣
>CT86123108
>SSR FOID CZ HK/NI440250198308082233
>PAT:A

```
01 Y FARE:CNY930.00 TAX:CNY50.00 YQ:CNY140.00  TOTAL:1120.00
>SFC:01 双击提交
```

>RT

```
  1. 张欣
  2.   CZ6589 Y    FR08NOV  CANWUH DR1    0800 0940          73G C 0  R E
  3. CAN/T CAN/T 020-38114969/GUANG DONG ZONG HENG TIAN DI ELECTRIC SHANG
     LV/WAN LIMING ABCDEFG
  4. 86123108
  5. FC/A/CAN B-08NOV13 A-08NOV13 F-25KG CZ WUH 930.00Y CNY930.00END
  6. SSR FOID CZ HK1 NI440250198308082233 /P1
  7. OSI YY CTCT86123108
  8. RMK OT/A/0/02215/0-1CZ1085P1
  9. RMK AUTOMATIC FARE QUOTE
 10. FN/A/FCNY930.00/SCNY930.00/C3.00/XCNY190.00/TCNY50.00CN/TCNY140.00YQ/
     ACNY1120.00
 11. TC/A/CZ/Z**
 12. EI/BIANGENGSHOUFEI 变更退票收费
 13. FP/CASH, CNY
 14. CAN999
```

>ETDZ:10
CNY1120.00   HRV5HW
784-4109696674
ELECTRONIC TICKET ISSUED

81

二、预先订妥座位 PNR 出票实例

>RT JXJ9NB

```
1.高越 2.张欣 JXJ9NB
3.   CZ3101 Y    FR08NOV  CANPEK HK2    0800 1110            E --T2
4.CAN/T CAN/T 020-38114969/GUANG DONG HEXIN SHANG LV/WAN LILI ABCDEFG
5.86123108
6.TL/0600/08NOV/CAN911
7.SSR ADTK 1E BY CAN01NOV13/1237 OR CXL CZ3101 Y08NOV
8.OSI YY CTCT86123108
9.RMK CA/MFZJW2
10.CAN911
```

>SSR FOID CZ HK/NI440120197205164232/P1
>SSR FOID CZ HK/NI440120198612123234/P2
>PAT:A

```
01 Y FARE:CNY1700.00 TAX:CNY50.00 YQ:CNY140.00  TOTAL:1890.00
>SFC:01 双击提交
```

>3RR

```
1.高越 2.张欣 JXJ9NB
3.   CZ3101 Y    FR08NOV  CANPEK RR2    0800 1110            E --T2
4.CAN/T CAN/T 020-38114969/GUANG DONG ZONG HENG TIAN DI ELECTRIC SHANG LV/WAN
    LIMING ABCDEFG
5.86123108
6.TL/0600/08NOV/CAN911
7.FC/A/CAN B-08NOV13 A-08NOV13 F-25KG CZ PEK 1700.00Y CNY1700.00END
8.SSR FOID CZ HK1 NI440120197205164232/P1
9.SSR FOID CZ HK1 NI440120198612123234/P2
10. SSR ADTK 1E BY CAN01NOV13/1237 OR CXL CZ3101 Y08NOV
11. OSI YY CTCT86123108
12. RMK OT/A/0/02215/0-1CZ1078P1
13. RMK CA/MFZJW2
```

学习单元五　CRS自动出票操作

```
14. RMK AUTOMATIC FARE QUOTE
15. FN/A/FCNY1700.00/SCNY1700.00/C3.00/XCNY190.00/TCNY50.00CN/TCNY140.00YQ/
    ACNY1890.00
16. TC/A/CZ/Z**
17. FP/CASH, CNY
18. CAN911
```

>XE6
>ETDZ:10
CNY3780.00　　　　JXJ9NB
784-4109696675　　　　784-4109696676
ELECTRONIC TICKET ISSUED

思　考　题

1. PNR中必须包括哪些组项才能进行出票操作？
2. PAT:*CH 和 PAT:A*CH 操作有什么区别？
3. 利用ETDZ成功出票后的PNR，与出票之前相比，有哪些变化？

学习单元六　打票机控制

实训目的和要求

(1) 掌握查看本部门打票机的方法；
(2) 学会识读打票机的状态；
(3) 掌握调整打票机的各项操作。

实训内容

(1) 查看本部门打票机，了解各打票机的类型及状态；
(2) 调整打票机的状态。

第一节　打票机

一、打票机简介

(一) 纸质客票打票机

纸质打票机是一种专用的航空客票打印设备，通过标准电缆连接在终端的串行接口或并行接口上，通过终端与计算机联系，接受主机发来的各种指令和要打印的客票信息，在打印任务完成之后，向主机发回应答信号。

每台打票机都有唯一一个终端号(PID)和一个在本部门的序号，本部门中的任何一台终端(无论其物理位置在哪里)，都可以在该部门中定义的打票机上打票。

在使用打票机之前，必须为它指定本部门的一台控制终端，没有控制终端的打票机是无法工作的，控制终端的作用就是监控打票机的工作状态是否正常，并根据情况向打票机发出一些控制指令。一台打票机只能有一台控制终端，而一台终端可以同时控制多台打票机(最多 5 台)，对打票机建立和退出控制将在稍后的章节中介绍。

(二) 电子客票打票机

随着电子客票的普及，纸质客票打票机逐渐退出了市场。对应于电子客票的出票操作,需要有相应的电子客票打票机的支持。与纸质打票机相比,除了不存在一个实体的打票机之外,其他方面与纸质打票机类似。比如,每一个电子客票打票机也都有唯一一个终端号和一个在本部门的序号,也受控制终端的监控等,各项控制指令与纸票打票机相同。

二、查看打票机

(一) 查看本部门的打票机及航空公司授权信息

DDI 指令用来查看本部门的打票机情况,包括打票机序号、打票机类型等信息;另外,还可以显示授权航空公司代码及代理人的信息,包括部门代号、地址、电话等内容。

指令格式:

>DDI:

例 6-1:查看本部门的打票机及航空公司授权信息。

>DDI:

```
**********TKT DEVICE INFORMATION DISPLAY*********
= OFFICE : CAN999          = IATA-NBR :  08313933    = TKT:ALLOW
=    AMS : DISABLE
= AUTHORIZED AIRLINE CODES :
AF   # NZ   # KQ   # AY   # AI   # VS   # AZ   # DL   # NH   # LX   # BR   #
MD   # J2   # JR   # KY   # BK   # MH   # UA   # JD   # CN   # OQ   # PN   #
S7   # GS   # MU   # FM   # CA   # SC   # CZ   # 3U   # MF   # ZH   # HO   #


=== AGENCY INFORMATION ===:
CAN/T 020-86124211/GUANG DONG HEXIN SHANG LV/ZHANG XINYAN
ADDRESS:CAN BAIYUN DISC JICHANG ROAD


=== DEVICE INFORMATION ===:                                              -
DEV  PID   TYPE    CTL-   CTL-    CURRENCY       TKT NUMBER RANGE     IATA OFF-
                   PID    AGENT                                        NUMBER
---  -----  ------  -----  -----  ------------  --------------------  ---------
  1  39965  4-BSPD#  2220   57583  CNY            BSP  4109826203-26283  08313933
  2  10423  2-BSPI#  67336  58230  CNY/USD/JPY    BSP  4171549264-49270  08313933
  3  10424  2-BSPI#  23659   8872  CNY/USD/JPY    BSP  4171549291-49310  08313933
  4  10425  2-BSPI#  23651   8872  CNY/USD/JPY    BSP                     08313933
  5  10427  4-BSPD#  37133  83380  CNY            BSP  4109825368-25867  08313933 +
```

说明：

(1) DDI 结果的上半部分主要是授权航空公司两字代码及代理人相关信息：

OFFICE	本部门的 OFFICE 号
IATA-NBR	本部门的 IATA NUMBER
AUTHORIZED AIRLINE CODES	授权航空公司代码，#表示允许出电子客票
AGENCY INFORMATION	代理人的信息，包括电话、地址、负责人等

(2) DDI 结果的下半部分则是本部门打票机的信息：

DEV	打票机(序号)
PID	打票机的 PID 号
TYPE	打票机类型，#表示电子客票打票机
CTL-PID	控制终端的 PID 号
CTL-AGENT	建立控制的营业员的工作号
CURRENCY	允许接收的货币类型
TKT NUMBER RANGE	票号范围
IATA OFF- NUMBER	本部门的 IATA NUMBER

从本例的结果中可以看到，CAN999 这个部门有多台打票机，其中第一台打票机用来出 BSP 国内电子客票，而第二台打票机则可以出 BSP 国际电子客票，营业员在出票之前应根据出票类型选择对应的打票机。

注意：

使用 DDI 命令时，后面一定要有冒号，即 >DDI:

（二）显示打票机状态

营业员除了要对本部门的打票机类型有所了解之外，在出票之前，还应查看打票机的状态是否准备就绪，此时应使用 DI 指令。

指令格式：

>DI：打票机序号

例 6-2：显示本部门的第五台打票机的状态。

>DI：5

```
         DEVICE INFORMATION DISPLAY  - DEVICE 5
         DEVICE STATUS              DEVICE DEFINITION
         ─────────────              ─────────────────

         CONTROL PID: 37133         OFFICE: CAN999
       CONTROL AGENT: 83380            PID: 10427
              STATUS: UP            ATTRIBUTE: TAT/ET
```

```
            INPUT: ACTIVE            MODE: DEMAND
           OUTPUT: ACTIVE            TYPE: 4
            NACK:                CURRENCY: CNY2
         TICKETS: *0
   BOARDING PASS: 0
         AMS PID:



         LAST TKT #        AIRLINE    TICKET NUMBER RANGE
         ----------        -------    --------------------
         4109825867         BSP       4109825368 / 4109825867
```

说明：

输出内容分为三部分，其中左上部分为打票机状态部分(DEVICE STATUS)，右上部分为打票机定义部分(DEVICE DEFINITION)，最下面是票号信息。

(1) 打票机状态部分(DEVICE STATUS)各项含义：

CONTROL PID	控制终端 PID 号，如果建立了控制，则在此处显示控制终端的 PID 号，否则为空白；
CONTROL AGENT	建立控制的营业人员的工作号，若未建立控制，此处为空白
STATUS	打票机的工作状态，它有两种形式：UP(工作状态)、DOWN(非工作状态)；
INPUT	输入状态，有 ACTIVE(工作状态)和 INACTIVE(非工作状态)两种状态，只有当 INPUT 为 ACTIVE 状态时，才接收打票指令；
OUTPUT	输出状态，有 ACTIVE(工作状态)和 INACTIVE(非工作状态)两种状态，只有当 OUPUT 为 ACTIVE 状态时，才执行打票操作；
NACK	数据传输是否正常的标志，正常情况下此处为空白，若不正常，此处为"X"；
TICKET	等待打印的客票数；
BOARDING PASS	等待打印的登机牌数。

(2) 打票机定义部分(DEVICE DEFINITION)各项含义：

OFFICE	该打票机所属部门号；

PID	该打票机的 PID 号;
ATTRIBUTE	打票机属性,TAT/ET 表示允许出电子客票;
MODE	打票机的工作方式,DEMAND 为请求式;
TYPE	打票机的类型,可以分为四种类型,即航空公司国际客票打票机、BSP 国际客票打票机、航空公司国内客票打票机、BSP 国内客票打票机;
CURRENCY	打票机可以接受的货币代码,以及各种货币所要求保留的小数点位数。

(3) 票号信息:

LAST TKT #	最后一次打印的客票票号;
AIRLINE	票证归属;
TICKET NUMBER RANGE	票号范围。

本例中的打票机状态完全符合出票要求,该部门的营业员可以通过 ETDZ:5 指令在该打票机上进行打票操作。如果打票机的状态不符合出票要求,则应使用相应的控制指令进行调整。

第二节 控制打票机

一、建立打票机控制 EC

指令格式:
>EC: 打票机序号

例 6-3:对本部门的第一台打票机建立控制。
>EC:1

```
ACCEPTED
```

说明:

(1) 只有当某台终端对打票机建立了控制,该打票机才能使用,而建立控制的这台终端就称为控制终端,DI 结果中的 CONTROL PID 项将显示该终端的 PID 号。

(2) 一台打票机在打票时只能由一台终端进行控制,而一台终端最多可以控制 5 台打票机。

(3) 控制终端可以对该打票机进行如下管理:

控制打票机的输入输出状态(TI TO XI XO);

输入打票机要打印的票号范围 (TN);

退出控制 XC。

二、打开打票机输入状态 TI

指令格式：

>TI： 打票机序号

例 6-4：打开本部门第一台打票机的输入。

>TI：1

```
ACCEPTED
```

说明：

(1) 若 DI 中 INPUT 项的状态是 INACTIVE，当终端做打票操作时，会显示 INPUT INACTIVE，这时需做 TI 指令。

(2) 只有当 DI 结果中的 INPUT 项是 INACTIVE 时才接收该指令，将 INACTIVE 状态调整成 ACTIVE，否则该操作将被拒绝(显示 UNABLE 而非 ACCEPTED)。

三、打开打票机输出状态 TO

指令格式：

>TO： 打票机序号

例 6-5：打开本部门第一台打票机的输出。

>TO：1

```
ACCEPTED
```

说明：

(1) 若 DI 中 OUTPUT 项的状态是 INACTIVE，打票机不进行打票操作，如果有终端向该打票机发送打票指令，将导致等待打印的客票数增加。此时，应打开输出，需做 TO 指令。

(2) 只有当 DI 结果中的 OUTPUT 项是 INACTIVE 时才接收该指令，将 INACTIVE 状态调整成 ACTIVE，否则该操作将被拒绝(显示 UNABLE 而非 ACCEPTED)。

四、关闭打票机输入状态 XI

指令格式：

>XI： 打票机序号

例 6-6：关闭本部门第一台打票机的输入。

>XI：1

```
ACCEPTED
```

说明：

(1) 该功能将 DI 中的 INPUT 项由 ACTIVE 变为 INACTIVE，禁止终端向打票机发送打票命令。

(2) DI 的显示中 INPUT 项是 ACTIVE，此时才可接收该功能，否则将被拒绝。

(3) 打票机出现故障时，若继续打票会产生更多的问题，此时应暂时关闭输入，待打票机恢复正常时，再将输入打开。

五、关闭打票机输出状态 XO

指令格式：

>XO： 打票机序号

例 6-7：关闭本部门第一台打票机的输出。

>XO：1

```
ACCEPTED
```

说明：

(1) 该功能将 DI 中的 OUTPUT 项由 ACTIVE 变为 INACTIVE，禁止打票机做打票操作。如果此时终端传来打票指令，则积压在打票机中。

(2) DI 的显示中 OUTPUT 项是 ACTIVE，此时才可接收该功能，否则将被拒绝。

(3) 在打票过程中发现问题时，应及时关闭输出，以免产生更多的错误，待打票机恢复正常时，再将输出打开。

六、更改打票机工作状态 TE

指令格式：

TE 序号/X---将打票机的状态变为 DOWN

TE 序号/U---将打票机的状态变为 UP

例 6-8：将第一台打票机的状态变为 DOWN。

>TE：1/X

```
DEVICE 01 CLOSED DUE TO NOOP
```

说明:

(1) 打票机的工作状态有两种:UP 和 DOWN,正常情况下应为 UP,当打票机因故障变为 DOWN 时,营业员可以用 TE 指令将打票机的状态调整为 UP,重新开始打票。

(2) 只有在需要清除打票机内积压的客票时,才需要将打票机的状态调整为 DOWN。

七、清除打票机内的积压票 DQ

指令格式:
>DQ:打票机序号
说明:

(1) 当打票机发生故障在一段时间内不能工作而积压了一些客票未打印,并且不再需要这些票时,可以使用该指令将积压的客票清空。这时打票机内票号不变。

(2) 清除积压票之前,必须先将打票机的状态变为 DOWN 状态。

八、输入票号 TN

在打票机开始工作之前,营业员必须根据所领取票号范围,将起始票号和结束票号输入打票机,这样在每次打票时,系统才可以给每一张客票分配一个票号,因此,输入正确的票号是打票的基础。

指令格式:
>TN:打票机号 X/起始票号 - 结束票号
例 6-9:向本部门的第四台打票机上票号。
>TN:4X/2217341600-41699

```
ACCEPTED
```

说明:

(1) 输入新的票号时,必须首先将输出终止,即用 XO 指令将 OUTPUT 变为 INACTIVE,否则系统将拒绝接收。

(2) 如需在第四台打票机上作卸票号操作,则输入>TN:4D 即可。

九、退出打票机控制 XC

指令格式:
>XC: 打票机序号

例 6-10：退出对本部门的第一台打票机的控制。

>XC：1

```
ACCEPTED
```

说明：

(1) 退出控制之后，DI 显示中的 CONTROL PID 和 CONTROL AGENT 随之变为空项。

(2) 在退出打票机的控制之前，应该先做 DI 查看打票机的状态，确认：

① 在打票机中没有等待输出的打印客票请求，即 DI 显示中的 TICKETS 项为 0，且 NACK 项是空白而不是 X；

② 输入 INPUT 的状态应为 INACTIVE；

③ 不是在测试状态下。

然后才可以使用 XC 指令退出打票机的控制。

(3) 只有退出打票机控制后，该控制终端才能退出工作号。否则 SO 时将出现"TKT PRINTER IN USE"，即打票机正在使用。

思 考 题

1. 一台能够正常出票的打票机，必须满足哪些条件？
2. 营业员退出系统时，系统提示"TKT PRINTER IN USE"，此时应如何处理？
3. 解释 DI 中划线项的含义。

```
          DEVICE INFORMATION DISPLAY  - DEVICE 2
       DEVICE STATUS              DEVICE DEFINITION
       _____              _____
     CONTROL PID: 10289          OFFICE: BJS349
    CONTROL AGENT: 4543          PID: 22086
           STATUS: UP            ATTRIBUTE: TAT
           INPUT: INACTIVE       MODE: DEMAND
          OUTPUT: INACTIVE       TYPE: 4
            NACK:                CURRENCY: CNY2
         TICKETS: *3
    BOARDING PASS: 0
```

学习单元七　BSP国内电子客票

实训目的和要求

(1) 掌握电子客票的订座及出票流程；
(2) 掌握票证信息查询操作；
(3) 掌握电子客票的更改操作；
(4) 掌握电子客票的作废操作；
(5) 掌握电子客票的退票操作；
(6) 掌握电子客票的挂起与解挂操作；
(7) 掌握电子客票日常销售统计操作。

实训内容

(1) 多名旅客多个航段电子客票出票练习；
(2) 票证信息查询操作 TOL；
(3) 电子客票的改期操作；
(4) 电子客票的作废操作；
(5) 电子客票的退票操作；
(6) 电子客票的挂起与解挂操作；
(7) 电子客票日常销售统计操作 TSL、TPR。

第一节　查看授权信息

自1994年美国西南航空公司率先推出电子客票以来，电子客票就受到了航空公司和旅客的青睐。电子客票技术使得信息能够在订座、离港、结算等各系统间安全、快速、准确地传递，不仅有利于航空公司的销售管理，也极大地方便了旅客，目前电子客票已经成为最主要的出票方式。

代理人在出电子客票之前，应先使用 DDI 指令检查是否有 BSP ET 授权，并查看电子客票打票机配置情况。

>DDI:

```
**********TKT DEVICE INFORMATION DISPLAY*********
= OFFICE : CAN999         = IATA-NBR :  08313933    = TKT:ALLOW
=     AMS : DISABLE
= AUTHORIZED AIRLINE CODES :
AF  # NZ  # KQ  # AY  # AI  # VS  # AZ  # DL  # NH  # LX  # BR  #
MD  # J2  # JR  # KY  # BK  # MH  # UA  # JD  # CN  # OQ  # PN  #
S7  # GS  # MU  # FM  # CA  # SC  # CZ  # 3U  # MF  # ZH  # HO  #


=== AGENCY INFORMATION ===:
CAN/T 020-86124211/GUANG DONG HEXIN SHANG LV/ZHANG XINYAN
ADDRESS:CAN BAIYUN DISC JICHANG ROAD


=== DEVICE INFORMATION ===:                                        -
DEV  PID    TYPE    CTL-   CTL-   CURRENCY      TKT NUMBER RANGE       IATA OFF-
                    PID    AGENT                                       NUMBER
---  -----  ------  -----  -----  ------------  --------------------   --------
 1   39965  4-BSPD# 2220   57583  CNY           BSP  4109826203-26283  08313933
 2   10423  2-BSPI# 67336  58230  CNY/USD/JPY   BSP  4171549264-49270  08313933
 3   10424  2-BSPI# 23659  8872   CNY/USD/JPY   BSP  4171549291-49310  08313933
 4   10425  2-BSPI# 23651  8872   CNY/USD/JPY   BSP                    08313933
 5   10427  4-BSPD# 37133  83380  CNY           BSP  4109825368-25867  08313933 +
```

说明:

(1) 第 5 行: AF# 说明得到了法国航空公司的授权,可以出该公司的电子客票。

(2) 第 14 行: 4-BSPD#,#表示该打票机的类型为电子客票打票机。

关于 DDI 指令的详细说明请参考学习单元六的相关介绍,在此不再赘述。

第二节 票证信息查询

用户可以使用 TOL 指令来查看本单位(Office)的票号库存和使用情况。

指令格式:

>TOL:[选项]

说明:

指令中的选项可以输入:

A —— 显示所有的票证信息；

D —— 显示票证的卸票历史信息。

不加选项时默认显示本单位的票号使用和库存情况。

例 7-1：

查看本单位的票号使用和库存情况。

>TOL:

```
*******************************************************************
*                   TICKET STORE/USE  REPORT                      *
*   AGENT   :  57583                     AIRLINE : BSP            *
*   OFFICE  :  CAN999                    IATA NO.: 08313933       *
*   DATE    :  28OCT13                   TIME    : 09:30          *
   ────────────────────────────────────────────────────────────────
         Form  First      Last     Granted Granted By Granted Ticket Allo
  Office  Code  TKT no.    TKT    Qua By OFF  Agent/Pid  Date   T/Tp/M Tp/ST
   ────────────────────────────────────────────────────────────────
         System     Ticket Range   Qua Start/End Date  Office  Agent/Pid Dev Use
   ────────────────────────────────────────────────────────────────
  CAN999  221-7340050-7340099      50 BJS636    26943/19531 01SEP04 D/DC/E TK/U0
          CRS      7340050-7340055  6 01SEP04/01SEP04   HAK999  5448/60743   2 TK
          CRS      7340056-7340099 44 01SEP04/27SEP04   HAK999  5448/60743   2 TK
          221-7340100-7340149      50 BJS636    26944/18798 27SEP04 D/DC/E TK/U0
          CRS      7340100-7340149 50 28SEP04/30SEP04   HAK999  5448/60743   2 TK
          221-7340200-7340249      50 BJS636      999/ 1212 29SEP04 D/DC/E TK/U0
          CRS      7340200-7340249 50 30SEP04/02OCT04   HAK999  5448/60743   2 TK
          221-7341200-7341599     400 BJS636      999/ 1212 29SEP04 D/DC/E TK/IU
          CRS      7341200-7341599 400 02OCT04/         HAK999  5448/60743   2
          221-7341600-7341699     100 BJS636    26943/12374 10OCT04 D/DC/E TK/UU
  CAN999  END

*================================================================*
  TOTAL TICKETS :       650    TOTAL IN USE:      650   TOTAL STORE:       0
```

说明：

(1) 第5行至第6行：分组统计标题栏，一个 OFFICE 为一组，其中：

① Ticket T/Tp/M 表示该段票号的属性，用 T/Tp/M 三个参数描述。

T——票证类型一：

I —— INTERNATIONAL(国际票)，1、2 类型的打票机使用。

D —— DOMESTIC(国内票)，3、4 类型的打票机使用。

Tp——票证的类型二：

　　DC —— 普通票证。

M——出票方式：

　　E —— 电子客票，用于自动销号的电子客票打票机。

② Allo Tp/ST——票证的发放属性，用 Tp/ST 两个参数描述。

Tp——票证发放类型：

　　TK —— TICKETING，可以用来出票的票号；

　　WD —— 回收的票号范围。

ST——票证发放状态：

　　UU —— UNUSED，还未使用的票号段；

　　IU —— IN USE，使用中的票号段；

　　UO —— OUT OF USAGE，使用完了的票号段；

　　WD —— 发放下来之后，再由上级单位收回的票号段。

(2) 第 7 行是使用细节标题栏，其中 Use 为票证使用原因：

TK —— 自动出票；

WD —— 从下级单位(Office)回收回来的票证；

DM —— 票证卸载的历史记录。

第三节　电子客票出票

一、电子客票订座及出票流程

电子客票订座的过程与普通机票的订座过程相同，只是订座时要注意选择有"E"标识的航班(目前绝大多数的航班都是出电子客票的)，订座的流程在此不再赘述。

在出电子客票之前，必须认真检查 PNR 中每一个旅客的身份识别号，即 SSR FOID 项。如输入错误的身份识别号，旅客将无法在机场办理值机手续。

电子客票使用 ETDZ 指令出票，在完成出票操作后，系统会在 PNR 中加入电子客票票号项(SSR TKNE)。

如果电子客票出票操作失败，系统可能返回'×××ERROR'的错误提示，×××是错误编号，具体含义如下：

错误编号	含　义
3	报文中缺少必要的信息
102	无效的航班的到达时间
104	CRS PNR 中的 RMK CA 项错误

(续)

错误编号	含 义
118	系统无法处理的错误
119	PNR 中存在非法的 SSR TKNE 项
120	没有找到匹配的航段
129	没有找到匹配的 B 系统 PNR
153	B、C 系统 PNR 中的姓名不匹配
154	系统无法处理的报文格式
155	系统无法支持的报文
381	缺少 B 系统 PNR 编码
394	没有电子客票航班
395	航段已经被打印
396	客票状态不正确
400	票号已经被使用
401	无法找到票号
440	客票状态不正确
441	客票状态不正确
467	无法找到匹配的 PNR 编码

二、成功出票举例

\>ETDZ:1

```
CNY1890.00        HR49BS
ELECTRONIC TICKET ISSUED
```

营业员提交 ETDZ 指令之后，系统首先返回旅客实付票款总额和 PNR 编码，然后出现"ET PROCESSING...PLEASE WAIT!"的提示，最终出票成功后系统返回信息提示"ELECTRONIC TICKET ISSUED"。

电子客票出票成功的标志是"ELECTRONIC TICKET ISSUED"。

\>RT: HR49BS

```
**ELECTRONIC TICKET PNR**
1.张欣 HR49BS
2. CZ3101 Y    TH12DEC   CANPEK RR1    0800 1110          E --T2
3.CAN/T CAN/T 020-38114969/GUANG DONG ZONG HENG TIAN DI ELECTRIC SHANG LV/WAN
   LIMING ABCDEFG
```

4. 13560358675

5. T

6. SSR FOID CZ HK1 NI440110199605302023/P1

7. SSR ADTK 1E BY CAN07DEC13/0208 OR CXL CZ3101 Y12DEC

8. SSR TKNE CZ HK1 CANPEK 3101 Y12DEC 7844109824530/1/P1

9. OSI YY CTCT13560358675

10. RMK TJ CAN911

11. RMK CA/MKYCWX

12. RMK AUTOMATIC FARE QUOTE

13. FN/A/FCNY1700.00/SCNY1700.00/C3.00/XCNY190.00/TCNY50.00CN/TCNY140.00YQ/ACNY1890.00

14. TN/784-4109824530/P1

15. FP/CASH,CNY

16. CAN999

此时提取 PNR，会有如下特征：

(1) 有电子客票标识 ""**ELECTRONIC TICKET PNR**""。

(2) 有出票标识 "T" 和票号项(TN)。

(3) 有电子客票票号项(SSR TKNE)。

营业员使用 ETDZ 指令成功出票后，系统将产生对应的电子客票票面。

三、出票失败举例

>ETDZ:1

CNY1120.00   HR49BX
ET PROCESSING...PLEASE WAIT!

153 ERROR

营业员提交 ETDZ 指令后，系统返回 "153 ERROR" 的错误提示，表示电子客票出票失败：

>RT: HR49BX

1. 苗苗 HR49BX

2. CZ6589 Y   FR13DEC CANWUH RR1   0800 0940   E

3. CAN/T CAN/T 020-38114969/GUANG DONG ZONG HENG TIAN DI ELECTRIC SHANG LV/WAN LIMING ABCDEFG

4. 020-86124211
5. T
6. SSR FOID CZ HK1 NI450123198012O6406/P1
7. SSR ADTK 1E BY CAN07DEC13/0220 OR CXL CZ6589 Y13DEC
8. SSR TKNE CZ **HN1** CANWUH 6589 Y13DEC 7844109824531/1/**DPN39965**/P1
9. RMK TJ CAN911
10. RMK CA/MKYCX2
11. RMK AUTOMATIC FARE QUOTE
12. FN/A/FCNY930.00/SCNY930.00/C3.00/XCNY190.00/TCNY50.00CN/TCNY140.00YQ/
    ACNY1120.00
13. TN/784-4109824531/P1
14. FP/CASH,CNY
15. CAN999

此时提取 PNR，有如下特征：

(1) PNR 的第一行没有电子客票标识"**ELECTRONIC TICKET PNR**"。

(2) SSR TKNE 项中存在 DPN39965，39965 为电子客票打票机的 PID 号。

四、出票重试指令

因系统传输等原因导致无出票成功提示或者出现"ELECTRONIC TICKET TRANSACTION TIMEOUT"时，可以用出票重试指令 ETRY 重新出票。

指令格式：

\>ETRY:

出票重试的步骤：

第一步：查看当天出票失败的 BSP-ET。

\>TSL:1

```
****************************************************************
*              CAAC  MIS  OPTAT  DAILY-SALES-REPORT              *
*                                                                *
*   OFFICE : CAN999    IATA NUMBER : 08313933   DEVICE : 1/ 39965 *
*   DATE   : 05DEC                              AIRLINE: ALL      *
_____
   TKT-NUMBER     ORIG-DEST   COLLECTION    TAXS    COMM%   PNR    AGENT
_____
```

784-4109824529	CAN BJS	1700.00	190.00	3.00	HN4VL6	57583
781-4109824527	BJS SHA	1130.00	190.00	3.00	HN4VKZ	57583
784-4109824531	**CANWUH**	**BSP ET ISSUE FAILED !!!!**			**HR49BX**	**57583**

```
*===============================================================*
      TOTAL TICKETS:      3 (     0 TICKETS VOID /     0 TICKETS REFUND )
 ---------------NORMAL TICKETS---------------
    NORMAL   FARE-- AMOUNT :     2830.00            CNY
       CARRIERS -- AMOUNT :     2745.10            CNY
        COMMIT  -- AMOUNT :       84.90            CNY
    NORMAL   TAX -- AMOUNT :      380.00            CNY
 ---------------REFUND TICKETS---------------
   NET REFUND -- AMOUNT :        0.00            CNY
     DEDUCTION -- AMOUNT :        0.00            CNY
   REFUND   TAX -- AMOUNT :        0.00            CNY
```

在销售报表中可以查看到所有出票失败的记录，其标志为"BSP ET ISSUE FAILED"。

第二步：提取出票失败的电子客票记录。

>RT：HR49BX

```
1. 苗苗 HR49BX
2.  CZ6589 Y   FR13DEC  CANWUH RR1    0800 0940           E
3. CAN/T CAN/T 020-38114969/GUANG DONG ZONG HENG TIAN DI ELECTRIC SHANG LV/WAN
   LIMING ABCDEFG
4. 020-86124211
5. T
6. SSR FOID CZ HK1 NI450123198012061406/P1
7. SSR ADTK 1E BY CAN07DEC13/0220 OR CXL CZ6589 Y13DEC
8. SSR  TKNE  CZ  HN1  CANWUH  6589  Y13DEC  7844109824531/1/DPN39965/P1
9. RMK TJ CAN911
10. RMK CA/MKYCX2
11. RMK AUTOMATIC FARE QUOTE
12. FN/A/FCNY930.00/SCNY930.00/C3.00/XCNY190.00/TCNY50.00CN/TCNY140.00YQ/
    ACNY1120.00
13. TN/784-4109824531/P1
14. FP/CASH, CNY
15. CAN999
```

说明：

出票失败的 PNR 记录中会自动生成 SSR TKNE…DPN39965/P1 项和 RMK CA/XXXXX 项，缺少这两项的 PNR 将无法进行重试指令 ETRY。

第三步：执行重试指令 ETRY。

>ETRY：

```
ET PROCESSING...PLEASE WAIT!    HR49BX
ET TRANSACTION SUCCESS
```

如果返回的结果如上所示，则说明出票重试成功。此时，可以查看销售报表中的记录状态来进行检查。

第四步：查看销售报表中记录的状态。

>TSL：1

```
************************************************************
*              CAAC  MIS  OPTAT  DAILY-SALES-REPORT         *
*                                                           *
*  OFFICE : CAN999    IATA NUMBER : 08313933   DEVICE : 1/ 39965  *
*  DATE   : 05DEC                              AIRLINE:  ALL     *
 -----------------------------------------------------------
 TKT-NUMBER        ORIG-DEST   COLLECTION   TAXS    COMM%   PNR      AGENT
 -----------------------------------------------------------
 784-4109824529    CAN BJS     1700.00      190.00  3.00    HN4VL6   57583
 781-4109824527    BJS SHA     1130.00      190.00  3.00    HN4VKZ   57583
 784-4109824531    CAN WUH     930.00       190.00  3.00    HR49BX   57583
*===========================================================*
      TOTAL TICKETS:       3 (     0 TICKETS VOID /    0 TICKETS REFUND )
 ---------------NORMAL TICKETS-------------------------------
   NORMAL  FARE-- AMOUNT :    3760.00            CNY
       CARRIERS -- AMOUNT :    3647.20            CNY
          COMMIT -- AMOUNT :     112.80            CNY
   NORMAL  TAX -- AMOUNT :     570.00            CNY
 ---------------REFUND TICKETS-------------------------------
   NET REFUND -- AMOUNT :       0.00            CNY
       DEDUCTION -- AMOUNT :       0.00            CNY
 REFUND  TAX -- AMOUNT :       0.00            CNY
```

出票重试成功以后，销售报表中的原失败记录与其他成功出票的记录一样。

说明：

（1）ETRY 只能在出票失败的当天做。

（2）做 ETRY 成功后，系统没有重新分配票号，票号不变。

（3）出票失败的票号如果没有当天处理，第二天默认作废。

（4）出票失败的 PNR 如果不用则删除，如需要重新出票，则取消 T、TN、SSR TKNE 项，添加所缺少的打票项，即可使用 ETDZ 指令出票。

出票重试常见出错信息提示：

（1）CAN NOT RETRY THIS PNR. ETDZ FIRST　该 PNR 没有执行 ETDZ 指令，不能执行重试操作

（2）RMK CA/XXXXX NOT FOUND. PNR MISMATCH　没有返回 ICS PNR(航空公司大编码)，不能执行重试操作。

（3）PNR TICKETED　该 PNR 已被出票。

（4）CAN NOT RETRAY THIS ET, TICKET IS OUT OF DATE　该电子客票不是当天出票的，不能执行重试操作。

五、提取电子客票记录

提取电子客票记录使用 DETR 指令。

指令格式：

指令格式	指令说明
DETR：TN/票号	按照票号提取电子客票记录
DETR：NI/身份证号	按照旅客的身份证号提取电子客票记录
DETR：NM/旅客姓名	按照旅客姓名提取电子客票记录
DETR：CN/订座记录编号	按照 PNR 编码提取电子客票记录
DETR：TN/票号，H	提取电子客票历史记录
DETR：TN/票号，F	提取旅客身份识别号码和报销凭证号
DETR：PP/护照号	按照旅客的护照号提取电子客票记录

在提取电子客票记录时，如果满足查找条件的结果只有一条，系统将显示这张电子客票的票面信息，如果找到的客票记录超过一张，将列出所有的有效的客票记录。

例 7-2：根据票号来提取。

>DETR：TN/784-4109824530

```
>DETR:TN/784-4109824530,AIR/CZ
  ISSUED BY: CHINA SOUTHERN AIRLINES    ORG/DST: CAN/BJS           BSP-D
TOUR CODE:
PASSENGER: 张欣
EXCH:                        CONJ TKT:
O FM:1CAN CZ    3101    Y 12DEC 0800 OK Y       12DEC3/12DEC3 25K OPEN FOR USE
    --T2 RL:MKYCWX   /HR49BS1E
   TO: PEK
FC: 12DEC13CAN CZ PEK1700.00CNY1700.00END
FARE:            CNY 1700.00|FOP:CASH
TAX:             CNY 50.00CN|OI:
TAX:             CNY140.00YQ|
TOTAL:           CNY 1890.00|TKTN: 784-4109824530
```

ET 标识(右上角)：

(1) BSP-D —— BSP 国内电子客票；

(2) BSP-I —— BSP 国际电子客票；

(3) ARL-D —— 航空公司国内电子客票；

(4) ARL-I —— 航空公司国际电子客票。

客票状态如下所示：

客票状态	说　　明
AIRPORT CONTROL	出票后，票面成功发送至 ICS 系统
VOID	已作废
REFOUND	已退票
CHECK IN	正在办理登机
USED/FLOWN	客票已使用
SUSPENDED	挂起状态，客票不能使用

例 7-3：根据旅客姓名提取。

>DETR:NM/王磊

```
>DETR:TN/781-3998342843         NAME:王磊
   FOID:RP4581510373                    MU5422 /10JUL13/CKGPVG FLOW
>DETR:TN/784-4109824236         NAME: 王磊
   FOID:RP4581510373                    CZ3101 /11DEC13/CANPEK OPEN
END OF SELECTION LIST
```

说明：

按照旅客姓名提取电子客票记录，得到多个电子客票记录。

例 7-4：

>DETR:CN/HR49BS

```
TOO  MANY  TICKET ENTRY
```

说明：

如果提取到的记录超过 10 个(如团体 PNR)，则系统无法一一列出，将会提示：
TOO MANY TICKET ENTRY

此时，可以采用两种处理办法：

(1) 利用指令 DETR: CN/记录编码，C 来提取该编码对应的全部电子客票记录。

(2) 利用 RT 指令提取 PNR 编码，找到票号信息，然后利用票号分别提取电子客票记录。

第四节　电子客票的更改

一、航班变更流程

电子客票允许更改航班，所更改的航班在航段、航空公司和舱位上应保持一致。对电子客票进行航班变更需要遵循以下操作流程：

提取电子客票旅客记录(PNR)；

更改航班；

更改电子客票票号项(SSR TKNE)；

PNR 封口(@)。

例 7-5：

旅客张欣原先预订 12 月 12 日 CZ3101 航班 Y 舱座位，广州出发前往北京，现在需要改期到 12 月 13 日，更改流程如下：

第一步，提取电子客票旅客记录。

>RT：HR49BS

```
**ELECTRONIC TICKET PNR**
1.张欣 HR49BS
2.  CZ3101 Y    TH12DEC   CANPEK RR1    0800 1110           E --T2
3.CAN/T CAN/T 020-38114969/GUANG DONG ZONG HENG TIAN DI ELECTRIC SHANG LV/WAN
   LIMING ABCDEFG
4.13560358675
```

```
5. T
6. SSR FOID CZ HK1 NI440110199960530202/P1
7. SSR ADTK 1E BY CAN07DEC13/0208 OR CXL CZ3101 Y12DEC
8. SSR TKNE CZ HK1 CANPEK 3101 Y12DEC 7844109824530/1/P1
9. OSI YY CTCT13560358675
10. RMK TJ CAN911
11. RMK CA/MKYCWX
12. RMK AUTOMATIC FARE QUOTE
13. FN/A/FCNY1700.00/SCNY1700.00/C3.00/XCNY190.00/TCNY50.00CN/TCNY140.00YQ/
    ACNY1890.00
14. TN/784-4109824530/P1
15. FP/CASH,CNY
16. CAN999
```

找到电子客票票号，然后根据此票号提取对应票面，查看更改前的票面状态：
>DETR:TN/784-4109824530

```
>DETR:TN/784-4109824530,AIR/CZ
ISSUED BY: CHINA SOUTHERN AIRLINES    ORG/DST: CAN/BJS              BSP-D
TOUR CODE:
PASSENGER: 张欣
EXCH:                              CONJ TKT:
O FM:1CAN CZ    3101   Y 12DEC 0800 OK Y        20K OPEN FOR USE
   --T2 RL:MKYCWX  /HR49BS1E
   TO: PEK
FC:CAN CZ PEK1700.00CNY1700.00END
FARE:         CNY 1700.00|FOP:CASH
TAX:          CNY 50.00CN|01:
TAX:          CNY140.00YQ|
TOTAL:        CNY 1890.00|TKTN: 784-4109824530
```

第二步，变更电子客票航班。
>XE2
>SS:CZ3099/Y/13DEC/CANPEK/NN1，为旅客订取新的航班座位(注意所更改的航班在航段、航空公司和舱位上应保持一致)。

```
**ELECTRONIC TICKET PNR**
 1. 张欣 HR49BS
 2. CZ3099 Y    FR13DEC  CANPEK DK1    0900 1155           380 L 0  R E --T2
 3. CAN/T CAN/T 020-38114969/GUANG DONG ZONG HENG TIAN DI ELECTRIC SHANG LV/WAN
    LIMING ABCDEFG
 4. 13560358675
 5. T
 6. SSR FOID CZ HK1 NI440110199960530202/P1
 7. SSR ADTK 1E BY CAN07DEC13/0208 OR CXL CZ3101 Y12DEC
 8. SSR TKNE CZ HK1 CANPEK 3101 Y12DEC 7844109824530/1/P1
 9. OSI YY CTCT13560358675
10. RMK TJ CAN911
11. RMK CA/MKYCWX
12. RMK AUTOMATIC FARE QUOTE
13. FN/A/FCNY1700.00/SCNY1700.00/C3.00/XCNY190.00/TCNY50.00CN/TCNY140.00YQ/
    ACNY1890.00
14. TN/784-4109824530/P1
15. FP/CASH,CNY
16. CAN999
```

第三步，删除原电子客票票号项 SSR TKNE，输入新的电子客票票号项 SSR TKNE。

>XE 8

>SSR TKNE CZ HK1 CANPEK 3099 Y13DEC 7844109824530/1/P1

```
**ELECTRONIC TICKET PNR**
 1. 张欣 HR49BS
 2. CZ3099 Y    FR13DEC  CANPEK DK1    0900 1155           380 L 0  R E --T2
 3. CAN/T CAN/T 020-38114969/GUANG DONG ZONG HENG TIAN DI ELECTRIC SHANG LV/WAN
    LIMING ABCDEFG
 4. 13560358675
 5. T
 6. SSR FOID CZ HK1 NI440110199960530202/P1
 7. SSR ADTK 1E BY CAN07DEC13/0208 OR CXL CZ3101 Y12DEC
 8. SSR TKNE CZ HK1 CANPEK 3099 Y13DEC 7844109824530/1/P1
 9. OSI YY CTCT13560358675
```

10. RMK TJ CAN911
11. RMK CA/MKYCWX
12. RMK AUTOMATIC FARE QUOTE
13. FN/A/FCNY1700.00/SCNY1700.00/C3.00/XCNY190.00/TCNY50.00CN/TCNY140.00YQ/
    ACNY1890.00
14. TN/784-4109824530/P1
15. FP/CASH,CNY
16. CAN999

第四步，变更完成，PNR 封口,使得变更生效。
>@

```
   CZ3099   Y  FR12DEC   CANPEK  DK1     0900  1155
HR49BS -EOT SUCCESSFUL, BUT ASR UNUSED FOR 1 OR MORE SEGMENTS
```

第五步，提取电子客票票面，核对变更后的票面信息。
>DETR:TN/784-4109824530

```
>DETR:TN/784-4109824530,AIR/CZ
   ISSUED BY: CHINA SOUTHERN AIRLINES      ORG/DST: CAN/BJS               BSP-D
TOUR CODE:
PASSENGER: 张欣
EXCH:                                CONJ TKT:
O FM:1CAN CZ    3099   Y 13DEC 0900  OK Y              20K OPEN FOR USE
   --T2 RL:MKYCWX   /HR49BS1E
   TO: PEK
FC: CAN CZ PEK1700.00CNY1700.00END
FARE:            CNY 1700.00|FOP:CASH
TAX:             CNY 50.00CN|OI:
TAX:             CNY140.00YQ|
TOTAL:           CNY 1890.00|TKTN: 784-4109824530
```

说明：
票面上的航班与日期已经发生改变，其他内容未发生变化。

二、变更旅客身份标识信息

电子客票允许更改旅客身份标识信息。更改电子客票旅客身份标识信息需要遵循以下操作流程：

提取电子客票旅客记录(PNR)；

删除 PNR 中原有的电子客票旅客身份标识信息，输入新的电子客票旅客身份标识信息；

PNR 封口(@)。

例 7-6：第一步，提取电子客票旅客记录。

>RT HR49BX

```
RTHR49BX
  **ELECTRONIC TICKET PNR**
 1. 苗苗 HR49BX
 2.  CZ6589 Y   FR13DEC  CANWUH RR1    0800 0940           E
 3. CAN/T CAN/T 020-38114969/GUANG DONG ZONG HENG TIAN DI ELECTRIC SHANG LV/WAN
    LIMING ABCDEFG
 4. 020-86124211
 5. T
 6. SSR FOID CZ HK1 NI450123198012064 06/P1
 7. SSR ADTK 1E BY CAN07DEC13/0220 OR CXL CZ6589 Y13DEC
 8. SSR TKNE CZ HK1 CANWUH 6589 Y13DEC 7844109824531/1/P1
 9. RMK TJ CAN911
10. RMK CA/MKYCX2                                                    +
```

第二步：删除 PNR 中原有的电子客票旅客身份标识信息，输入新的电子客票旅客身份标识信息。

>XE:6

>SSR FOID CZ HK/NI450123198012064064

```
  **ELECTRONIC TICKET PNR**
 1. 苗苗 HR49BX
 2.  CZ6589 Y   FR13DEC  CANWUH RR1    0800 0940           E
 3. CAN/T CAN/T 020-38114969/GUANG DONG ZONG HENG TIAN DI ELECTRIC SHANG LV/WAN
    LIMING ABCDEFG
 4. 020-86124211
 5. T
 6. SSR FOID CZ XX1 NI450123198012064 06/P1
```

```
 7. SSR FOID CZ HK1 NI450123198012064064/P1
 8. SSR ADTK 1E BY CAN07DEC13/0220 OR CXL CZ6589 Y13DEC
 9. SSR TKNE CZ HK1 CANWUH 6589 Y13DEC 7844109824531/1/P1
10. RMK TJ CAN911                                                        +
```

第三步：PNR 封口(@)。

```
 CZ6589  Y FR13DEC  CANWUH  RR1   0800 0940
HR49BX
```

第四步，重新提取电子客票旅客记录，查看修改结果。
>RT HR49BX

```
**ELECTRONIC TICKET PNR**
 1. 苗苗 HR49BX
 2.  CZ6589 Y    FR13DEC  CANWUH RR1    0800 0940           E
 3. CAN/T CAN/T 020-38114969/GUANG DONG ZONG HENG TIAN DI ELECTRIC SHANG LV/WAN
    LIMING ABCDEFG
 4. 020-86124211
 5. T
 6. SSR FOID CZ HK1 NI450123198012064064/P1
 7. SSR ADTK 1E BY CAN07DEC13/0220 OR CXL CZ6589 Y13DEC
 8. SSR TKNE CZ HK1 CANWUH 6589 Y13DEC 7844109824531/1/P1
 9. RMK TJ CAN911
10. RMK CA/MKYCX2                                                        +
```

说明：

原来输入的旅客信息身份标识已被删除，PNR 中只保留最新输入的旅客身份标识信息。

第五节　电子客票的作废

营业员出票后旅客取消了旅行计划，应在出票的当天使用 VT 指令作废电子客票。

指令格式一：(作废单张客票)

>VT：打票机号/电子客票票号(13 位)/订座记录编号

指令格式二：(作废多张连续客票)

>VT：打票机号/起始票号(13 位)-结束票号(后 5 位)/订座记录编号

例 7-7：例如，要将本部门 1 号打票机出的 784-4109824559 这张电子客票作废，应输入：

>VT：VT:1/784-4109824559/HR49CS

```
ET TRANSACTION SUCCESS
```

此时，提取票面，客票状态将变为 VOID(作废)状态。
>DETR:TN/784-4109824559

```
>DETR:TN/784-4109824559,AIR/CZ
   ISSUED BY: CHINA SOUTHERN AIRLINES    ORG/DST: CAN/SHE              BSP-D
   E/R: 不得签转
   TOUR CODE:
   PASSENGER: 王君
   EXCH:                               CONJ TKT:
  0 FM:1CAN CZ    6316   K 15DEC 0800 OK K       15DEC3/15DEC3 20K  VOID
         --T3 RL:NB20NV   /HR49CS1E
    TO: SHE
   FC: 15DEC13CAN CZ SHE1960.00CNY1960.00END
   FARE:          CNY 1960.00|FOP:CASH
   TAX:           CNY  50.00CN|OI:
   TAX:           CNY140.00YQ|
   TOTAL:         CNY 2150.00|TKTN: 784-4109824559
```

注意：

(1) 使用 VT 指令前首先要建立打票机控制。

(2) VT 指令只能在出票当天使用，电子客票一旦作废无法恢复。

(3) 客票作废后应注意将所订的 PNR 删除或重新出票。

第六节 电子客票的退票

国内 BSP 电子客票的退票流程如下：

第一步：执行 DETR：指令提取电子客票，查看航段的状态是否满足退票条件，只有状态为 "OPEN FOR USE" 的航段才可以退票。

第二步：执行 TRFD：指令将指定票号的指定航段退票；TRFD 指令格式为：

>TRFD：AM/打票机序号/D

学习单元七　BSP国内电子客票

第三步：退票单中"ET(Y/N)__"中填写Y，保存生成退票单，电子客票状态自动变为REFUNDED。如果填写"N"，则应使用ETRF指令将电子客票的状态改为REFUNDED，指令格式为：

>ETRF：航段号/票号/PRNT/打票机号

例7-8：旅客李莉因为个人原因耽误了行程，航班起飞后来退票，操作流程分三步。

第一步：使用DETR：指令提出电子客票票面，检查航段状态是否为"OPEN FOR USE"。

>DETR: TN/784-4109824564

```
>DETR:TN/784-4109824564,AIR/CZ
   ISSUED BY: CHINA SOUTHERN AIRLINES      ORG/DST: CAN/SHA               BSP-D
E/R: 变更退票收费
TOUR CODE:
PASSENGER: 李莉
EXCH:                                CONJ TKT:
O FM:1CAN CZ     3611   Y 17DEC 0900 OK Y       17DEC3/17DEC3 25K OPEN FOR USE
     --T2 RL:NB20NX   /HR49CZ1E
  TO: PVG
FC: 17DEC13CAN CZ PVG1280.00CNY1280.00END
FARE:          CNY 1280.00|FOP:CASH
TAX:           CNY  50.00CN|OI:
TAX:           CNY 140.00YQ|
TOTAL:         CNY 1470.00|TKTN: 784-4109824564
```

第二步：执行TRFD指令将指定票号的指定航段退票。

>TRFD:AM/1/D

```
TRFU: M  1 / D/ 0
Airline Code  784  TKT Number  4109824564 -        Check
Conjunction No.  1  Coupon No.  1 1000  2 0000  3 0000  4 0000
Passenger Name
Currency Code  CNY-2  Form Of Payment   CASH
Gross Refund  1280.00                         ET-(Y/N):  Y
Deduction     100.00      Commission     3 =          ---
TAX [ 1]  CN 50.00____   [ 2]  YQ 140.00___  [ 3] __ _____
```

111

```
[ 4]  __ _____       [ 5]  __ _____       [ 6]  __ _____
[ 7]  __ _____       [ 8]  __ _____       [ 9]  __ _____
[10]  __ _____       [11]  __ _____       [12]  __ _____
[13]  __ _____       [14]  __ _____       [15]  __ _____
[16]  __ _____       [17]  __ _____       [18]  __ _____
[19]  __ _____       [20]  __ _____       [21]  __ _____
[22]  __ _____       [23]  __ _____       [24]  __ _____
[25]  __ _____       [26]  __ _____       [27]  __ _____
Remark                         Credit Card
Net Refund =                   CNY
```

填好退票单各项内容后，在 **CNY** 后按 **F12** 提交，保存生成退票单。

第三步：提取票面，查看票面状态是否变为 **REFUNDED**。

>DETR: TN/784-4109824564

```
>DETR:TN/784-4109824564,AIR/CZ
   ISSUED BY: CHINA SOUTHERN AIRLINES    ORG/DST: CAN/SHA              BSP-D
E/R: 变更退票收费
TOUR CODE:
PASSENGER: 李莉
EXCH:                                    CONJ TKT:
O FM:1CAN CZ    3611   Y 17DEC 0900 OK Y           17DEC3/17DEC3 25K  REFUNDED
       --T2 RL:NB20NX   /HR49CZ1E
   TO: PVG
FC: 17DEC13CAN CZ PVG1280.00CNY1280.00END
FARE:           CNY 1280.00|FOP:CASH
TAX:            CNY  50.00CN|OI:
TAX:            CNY140.00YQ|
TOTAL:          CNY 1470.00|TKTN: 784-4109824564
```

说明：

退票单生成后，电子客票的状态由 OPEN FOR USE 已改变为 REFUNDED。如果需要修改退票单，则需先将原来的退票单删除，再将该电子客票的状态改回 OPEN FOR USE，然后重新做个新的退票单即可。

举例：

将上述例子中的退票单删除，将票面恢复成 OPEN FOR USE,步骤如下：

第一步：输入指令 >TRFD M/1/D/123764811 提取显示退票记录,其中 123764811 为退票单号。

第二步：将"TRFU: M 1/D/123764811"中的"U"改为"X",并在退票单号后提交,显示"DELETE 123764811 SUCCESSFULLY",表示该退票单已被删除。

第三步：输入指令>ETRF:1/784-410982456/PRNT/1/OPEN,将第一台打票机出的票号为 784-410982456 的票面状态从"REFUNDED"状态改回"OPEN FOR USE"。

第七节　电子客票的挂起与解挂

为了解决代理人在销售电子客票过程中存在的收款风险,比如旅客电话订座,营业员 ETDZ 出票后,此时,为防止旅客未付款而使用该客票,营业员可以使用挂起指令。操作了挂起指令后,电子客票状态将由"OPEN FOR USE"变为"SUSPENDED",值机、改签、作废三个操作将被禁止。

指令格式：

散客挂起指令：>TSS:TN/票号/S 或>TSS:CN/记录编号/S

　　　例：　>TSS:TN/ 7844109696678/S

散客解挂指令：>TSS:TN/票号/B 或>TSS:CN/记录编码/B

　　　例：　>TSS:TN/ 7844109696678/B

团体挂起指令：>TSS:CN/记录编号/出票日期(DDMMMYY)/S

团体解挂指令：>TSS:CN/记录编号/出票日期(DDMMMYY)/B

说明：

(1) 电子客票的状态挂起或解除必须是同一个 AGENT 操作。

(2) 如果该票号中有一个航段状态是 USED/ FLOWN,则不能将该票号对应的航段挂起。

第八节　电子客票日常销售统计

一、当天日销售统计

TSL 是专为 BSP 中性客票代理人提供的指令,它可以帮助销售人员及时、动态地了解当日客票销售情况,灵活、准确地得到各种统计数据,比如对工作人员出票量的统计,对本部门中所有打票机出票量的统计和对一段时间内某一台打票机出票量的统计等,对制作相关的销售日报带来了极大的方便,也对加强票证的管理有很大作用。同时,TSL 还可以帮助财务人员检查客票的使用以及作废情况。建议用户每天工作结束之后,将 TSL 的内容打印并保存下来,以备以后核对和检查使用。

指令格式：

>TSL：选项/打票机序号

其中选项：1. 不选——只显示当前最后十张票的销售统计；
2. C——显示本台打票机当前所有客票的销售情况；
3. V——显示本台打票机当前作废客票的情况统计；
4. R——显示本台打票机当前退票的情况统计。

其他格式：
>TSL:A/1　　显示每个营业员的出票量；
>TSL:F/1　　按照航空公司显示出票量；
>TSL:1/9306　查看9306工作人员的出票量。

例7-9：
查看本部门的第1台打票机的出票情况，可输入：
>TSL:1

```
*******************************************************************
*              CAAC  MIS  OPTAT  DAILY-SALES-REPORT                *
*                                                                  *
*   OFFICE : CAN911    IATA NUMBER : 08313933    DEVICE : 16  10846*
*   DATE   : 05DEC                           AIRLINE:   ALL        *
  ------------------------------------------------------------------
  TKT-NUMBER        ORIG-DEST   COLLECTION   TAXS    COMM%   PNR      AGENT
  
  880-4109824671    ET-REFUND   1739.00      190.00   3.00            57583
  784-4109824673    VOID        1809  05DEC                  HN4VV0   57583
  784-4109824674    CAN SIA     1490.00      190.00   3.00   HN4VV2   57583
  784-4109824672    CAN SHE     2310.00      190.00   3.00   HN4VTV   57583
  880-4109824671    CAN BJS     1700.00      190.00   3.00   HN4VTL   57583
*==================================================================*
        TOTAL TICKETS:        5 (     1 TICKETS VOID /    1 TICKETS REFUND )
        ----------------NORMAL TICKETS----------------
     NORMAL  FARE-- AMOUNT :      5500.00              CNY
     CARRIERS -- AMOUNT :         5335.00              CNY
         COMMIT -- AMOUNT :        165.00              CNY
     NORMAL  TAX -- AMOUNT :       570.00              CNY
        ----------------REFUND TICKETS----------------
     NET REFUND -- AMOUNT :       1739.00              CNY
     DEDUCTION -- AMOUNT :         100.00              CNY
     REFUND   TAX -- AMOUNT :      190.00              CNY
     REFUND COMMIT -- AMOUNT :      51.00              CNY
*==================================================================*
```

其中，各数据项含义如下：
(1) TKT-NUMBER　票号；
(2) ORIG-DEST　城市对，作废显示"'VOID"，退票显示"ET-REFUND"；
(3) COLLECTIONS　实收旅客票款；
(4) TAXS　税款；
(5) COMM%　代理费率；
(6) PNR　订座记录编号；
(7) AGENT　营业员工作号；
(8) NORMAL FARE—AMOUNT　正常票面价总额（包括要退票的票面价）；
(9) CARRIERS -- AMOUNT　结算给航空公司的票面价总额；
(10) COMMIT -- AMOUNT　代理费总额；
(11) NORMAL TAX - AMOUNT　正常税款总额；
(12) NET REFUND -- AMOUNT　净退票款总额（应退给旅客的票款）；
(13) DEDUCTION -- AMOUNT　手续费总额；
(14) REFUND TAX - AMOUNT　应退税款总额；
(15) REFUND COMMIT -- AMOUNT　退票代理费总额。

二、当前报告期的销售统计

TPR 指令用于统计当前销售周期电子客票的销售情况，可以显示指定电子客票打票机的销售情况。系统保存了最近三天的销售数据，包括票号、航段、付款信息、记录编号、营业员号等信息。

指令常用格式：

>TPR 选项/打票机序号/日期

说明：

当天的销售数据应使用 TSL 指令来查询，而 TPR 则是用来查询最近三天的销售数据，显示信息与之前的 TSL 信息一致。

思 考 题

1. 简述电子客票改期应满足的条件和操作流程。
2. 如何作废电子客票？
3. 简述退票的基本流程。
4. 电子客票挂起的目的是什么？如何挂起？

学习单元八　Q 信箱处理

实训目的和要求

(1) 了解 Q 信箱的意义和种类；
(2) 掌握查看本部门 Q 信箱的方法；
(3) 掌握 Q 信箱处理的工作流程。

实训内容

(1) 查看本部门的 Q 信箱，了解每种信箱中待处理的信件数；
(2) 选定一种非空 Q 信箱，进行处理。

第一节　Q 信箱简介

一、Q 信箱的意义

信箱(QUEUE)是 CRS 系统中营业员与计算机系统及航空公司之间进行信息交换的重要通道，可以帮助营业员对自己所建立的旅客订座记录(PNR)进行及时管理。代理人通过处理本部门的 Q 信箱，可以获取与旅客订座记录相关的重要信息，如 PNR 变更情况的通知、系统对代理人应采取的行动的通知、航空公司对代理人的通知信息等，所以营业员应及时处理本部门的 Q 信箱中的信件，以免影响旅客的旅行，从而造成不必要的损失。

二、Q 信箱的种类

代理人系统中，每个部门可以开通 10 种类型的信箱，分别是 GQ、KK、SR、SC、TL、RP、TC、RE、HT、IB 信箱，用以存储不同类型的待处理信件。计算机系统根据信件的内容和业务要求，自动将信件发送到相应部门的对应类型的信箱中。工作人员也可以手工输入，将信件传送到指定部门的某种类型的信箱中。每种信箱存储的信件类型如下：

(1) KK：座位证实回复电报 QUEUE。

(2) SR：特殊服务电报(SSR)。

(3) SC：航班更改通知 QUEUE。

(4) TL：出票时限(TK TL)QUEUE。

(5) RP：自由格式，用于代理之间的相互联系。

(6) TC：票号更改 QUEUE。

(7) RE：再订座 QUEUE。

(8) HT：酒店预定信息 QUEUE。

(9) IB：国际订座 PNR 信箱。

(10) GQ：综合 QUEUE，当一些信件无法识别其种类时或该部门没有建立某种 QUEUE 时把此信件送入 GQ 信箱中。

营业员可以使用 QT 指令来查看本部门的 Q 信箱。

指令格式：

>QT

应用举例：

```
>QT
                        QT CAN999
GQ 0000 0200    RP 0007 0200    KK 0140 0200    RE 0000 0200
SR 0059 0200    TC 0026 0200    TL 0082 0200    SC 0018 0200
```

说明：

SR：信箱种类。

0059：信件数量。

0200：信箱最大容量。

第二节　Q 信箱处理

一、Q 信箱处理的工作流程

信箱处理是每个部门日常工作的重要环节，主要工作流程如下：

第一步：查看本部门的 Q 信箱，了解待处理的信件种类及数量，输入指令：

>QT

第二步：选择某种类型的信箱，开始 Q 信件处理，输入指令：

>QS 信箱种类

第三步：如需继续处理该类信箱，显示下一个 Q 信件，输入指令：

>QD　　或　　>QN

第四步：如需退出 QUEUE 处理，输入指令：
>QDE 或 >QNE
注意：
(1) QD 和 QDE——将当前的 Q 信件置于队列末尾，信箱中 Q 信件的数量不变；QN 和 QNE——删除当前的 Q 信件，信箱中 Q 信件的数量相应减少。
(2) 如需要处理另外一种 Q 信箱时，应先使用>QDE 或 >QNE 指令结束当前 Q 信箱的处理，再用使用 QT、QS 指令开始操作。

二、Q 信箱处理实例

由于每种信箱的类型各不相同，所以对其中信件的处理方式也不尽相同，下面举例介绍几种常见的 Q 信箱处理的方法。

（一）KK 信箱

KK 信箱中的信件主要反映了航空公司对营业员订取该航空公司航班座位、特殊餐食等特殊服务申请所采取的行动。包括：对营业员的申请或候补的航班座位给予证实或取消，对营业员订取的该航空公司的航班座位的其他变更，对营业员订取的该航空公司的特殊餐食等特殊服务给予证实或取消等。营业员应及时处理 KK 信箱中的信件，必要时及时将相关信息反馈给旅客。

下面举例介绍 KK 信箱的处理。
>QS KK

```
CAN999 REPLY RCD      (00139)
 0.16TESTGRP NM0 HNZ19Q
 1.  CA1330 S   WE06NOV  CANPEK KK16   1030 1335         E --T3
 2.CAN/T CAN/T 020-86124211/GUANG DONG HE XIN SHANG LV/WANG JUN ABCDEFG
 3.13560358675
 4.TL/0830/04NOV/CAN999
 5.OSI YY CTCT13560358675
 6.RMK CA/NVHYZB
 7.CAN999
```

说明：
结果中第一行：(00139)——除当前信件外，信箱中等待处理的信件数。
结果中第二行：KK16 ——该团体 PNR 所订的 16 个座位已得到航空公司的证实。
此时，营业员可以进行如下处理：
(1) >@K 封口 ，使得航段组的状态代码变为 HK。
(2) >QN 删除当前信件，开始处理下一个信件。

当然，营业员也可以只做浏览而不进行任何处理，此时，应使用>QD 指令将当前信件放回信箱末尾，等待其他营业员处理。

(二) TL 信箱

计算机系统自动检查 PNR 是否已临近出票时限，如果是，便会将该 PNR 放到 TL 信箱中，通知营业员及时处理。如果营业员没有及时处理 TL 信箱，可能造成航空公司对营业员订取的座位予以取消；这样往往会影响旅客的行程，也可能对航空公司和代理人自身造成损失。

下面举例说明 TL 信箱的处理：

>QS TL

```
CAN999 TIM-LIM TKT      (0081)
 1.张欣颜 HTBWBJ
 2.  CZ3121 Y   FR16AUG  CANPEK HK1   1000 1310          E --T2
 3. CAN/T CAN/T 020-86124211/GUANG DONG HE XIN SHANG LV/WANG JUN ABCDEFG
 4.86123108
 5.TL/1200/12AUG13/CAN999
 6.OSI YY CTCT86123108
 7.RMK CA/NJ2K9L
 8.CAN999
```

当前系统时间为：

>DA:

```
A*       57583      12AUG      0800     41  CAN999
B        AVAIL
C        AVAIL
D        AVAIL
E        AVAIL
PID   = 2215    HARDCOPY = 1112
TIME  = 0830    DATE  = 12AUG    HOST = LILY
AIRLINE = 1E    SYSTEM = CAAC01  APPLICATION = 3
```

从 TL 信箱中可以看到编码为 HTBWBJ 的 PNR 出票预留时限为 8 月 12 日 12 点，系统当前时间已临近出票预留时限，所以此时营业员应尽快与旅客沟通确认，及时出票。

(三) SC 信箱

如果航空公司对航班进行了变更，营业员此前所订 PNR 的航段组会发生改变，ACTION CODE 会出现 UN、TK、TL 等。为提示营业员注意，相应的 PNR 将被发送

119

到营业员所在部门的 SC 信箱。营业员应及时查看并将相关信息通知旅客,以免影响旅客的行程。

下面举例说明 SC 信箱的处理:

>QS SC

```
CAN999  SCHEDULE CHG     (0017)
 1.  ZHANG/XINYAN JXJ9DY
 2.   CA930   H    TH310CT   NRTPVG  UN1  1455 1720     E T1T2   S
 3.   CA920   H    TH310CT   NRTPVG  TK1  1930 2150     E T1T2   S
 4.  CAN/T CAN/T 020-86124211/GUANG DONG HE XIN SHANG LV/WANG JUN ABCDEFG
 5.  86123108
 6.  T
 7.  RMK CA/ NWHM25
 8.  FN/FCNY5510.00/SCNY5510.00/C2.00/XCNY529.00/TCNY32.000I/
      TCNY128.00SW/TCNY369.00XT/ACNY6039.00
 9.  TN/999- 4109826203/P1
10.  FP/CASH, CNY
11.  CAN999
```

可以看到,这是一个已出票的 PNR,旅客原来预订的是 CA930 航班,从东京前往上海,出发时间为 14:55,到达时间为 17:20,该航班被取消之后,旅客被变更到了另外一个航班 CA920 上,出发时间为 19:30,到达时间为 21:50,所以代理人应将这些信息及时告知旅客。另外,因为该 PNR 已出票,所以营业员还需手工将 ACTION CODE 由 TK 改为 RR。

思 考 题

1. 简述 Q 信箱的作用。
2. 简述 Q 信箱处理的基本流程。
3. 指令 QD 和 QN 都可以显示下一个 Q 信件,两者之间有何区别?

学习单元九　国际订座基础

实训目的和要求

(1) 了解中国民航代理人系统的航班数据来源；
(2) 掌握国际订座的基本流程；
(3) 掌握旅客 API 信息输入的方法；
(4) 掌握国际票价查询的基本操作；
(5) 掌握国际客票出票的基本流程

实训内容

(1) 国际航班信息查询；
(2) 国际旅客订座记录建立；
(3) 旅客 API 信息录入；
(4) 国际票价查询；
(5) 国际电子客票出票操作。

第一节　代理人系统的航班数据来源

计算机航空机票的分销可以通过两类系统来完成，一类为航空公司系统(ICS)，另一类为旅游产品分销系统 GDS(或 CRS)。GDS(CRS)系统中的产品信息丰富与否，取决于与该系统连接的航空产品与非航空产品提供者的多少。GDS(CRS)系统分销效率的高低，又取决于该系统与产品供应商系统之间的连接技术的高低。所以，使用中航信的 CRS 系统进行航班座位分销前，首先要了解中航信 CRS 系统的航班数据来源，其次要了解该系统与航空公司系统间的连接方式。

一、中国民航代理人系统的航班数据来源

中国民航代理人系统(即中航信的 CRS 系统)，其航班数据来源主要有：
(1) 中国民航航空公司系统 ICS(INVENTORY CONTROL SYSTEM)；

(2) 国外航空公司系统；
(3) 国外 GDS(GLOBAL DISTRIBUTION SYSTEM)；
(4) OAG(OFFICIAL AIRLINE GUIDE)静态航班数据。

二、CRS 系统与国内航空公司系统的连接

中航信的 CRS 系统和 ICS 系统是中航信订座系统的两大子系统，两个系统的主机硬件和数据库相互独立，通过先进的技术手段，保证了两个系统之间随时可以进行数据交换。ICS(航空公司系统)中拥有二十多家国内航空公司的航班数据，这些数据可以传送到代理人系统，CRS(代理人系统)中建立的订座记录也会传递到航空公司系统。先进的技术手段，保证了系统间数据传递的准确性。代理人在销售国内航空公司的座位时，销售的实时性和准确性都是有保障的。

三、CRS 系统与国外航空公司系统的连接

代理人在进行国际订座时，可以选择国内航空公司的航班，也可以选择外航航班，由于国外航空公司的数据不保存在中航信的系统中，要想进行正常的销售，必须与外航系统连接，才能进行数据交换。对于外航的航班：

(1) 直联的航空公司——连接等级高，AV、SD 数据都会准确。
(2) 通过其他 GDS 连接的航空公司：
① 与该 GDS 间的连接等级高的航空公司——AV、SD 数据比较准确。
② 与该 GDS 间的连接等级低的航空公司——AV、SD 数据准确性较差。
(3) 无连接关系的航空公司——通过 OAG 封装得到静态数据，数据准确性差，只能申请座位。

第二节 查询航班座位可利用情况

国际订座时，查询航班座位可利用情况依然使用 AV 指令，但是由于中航信代理人系统与国外众多的航空公司系统间的连接方式不同，因此 AV 显示中连接等级的标识十分重要。通过这些连接等级标识，代理人可以知道：哪些航班数据在中性查询(查询时不加航空公司两字代码)时就可直接得到；哪些航班数据要通过加上航空公司两字代码才能查到；哪些航空公司的座位可以直接销售；哪些航空公司的座位只能通过申请方式进行销售等。常见连接等级标识有：*、DS#、AS#、DS*、AB*、TY*、AB、TY、空格。

这些标识提供两种信息：
(1) *、#——航班信息的读取方式。
(2) DS、AB、TY——具有何种销售协议。
航班显示标识与连接方式对照表：

连接等级标识	连接方式说明	AV 不加航空公司代码	AV 加航空公司代码	SD 结果	记录编号返回
DS#	无缝连接	直接看到航班座位的真实数据		DK → HK DW → HL NN → HN	有
AS#	无缝连接	同上，只是提示航班做过更改		同上	有
DS*	直接销售	座位可利用情况不明，显示 Z；可加上航空公司两字代码进一步查询	显示航班座位的具体情况：A、L 或数字	同上	有
TY*	同 CRS 存在直接销售的连接			同上	有
AB*	直接响应			NN → SS → HK	有
*	直接存取			NN → SS → HK	有
TY	同 CRS 存在直接销售的连接	航班座位情况不明，显示Z，通过申请订座		DK → HK DW → HL NN → HN	有
AB	直接响应存在记录编号返回			NN → SS → HK	有
空格	无连接			NN → HN	无

对于连接等级为 DS#、AS#的航班，中性查询情况下就可以得到航班座位的真实可利用情况；对于连接等级中含有"*"的航班，中性查询得到的数据是来自中航信代理人系统的，这些数据是定期更新而非实时的，是相对静态的数据，因此有不准确的因素存在，此时，应加上航空公司两字代码进行查询。加上两字代码后查询得到的数据，来自相应的航空公司系统，是实时的、准确的。

例 9-1：查询 1 月 14 日广州到吉隆坡的航班座位可利用情况。

>AV CANKUL/14JAN

```
14JAN14(TUE) CANKUL
1-  MH381   CANKUL 0100   0505   738 0 M   E   DS* JA CA DA ZA IA YA BA HA KA MA*
2  *MH9097  CANKUL 0825   1225   738 0 M   E   DS* JA CA DA YA BA HA KA MA LA
3   CZ349   CANKUL 0825   1225   738 0^C  E   AS# J8 C7 D6 I5 O2 W7 S6 YA BA MA*
4  *MH9093  CANKUL 1300   1655   320 0 M   E   DS* JA CA DA YA BA HA KA MA LA
5   CZ3047  CANKUL 1300   1655   320 0^L  E   AS# J8 C7 D6 I4 O1 WA SA YA BA MA*
6   MH377   CANKUL 1440   1845   738 0 M   E   DS* JA CA DA ZA IA YA BA HA KA MA*
7+ *CZ741   CANKUL 1440   1845   738 0     E   DS# J4 C4 YA BA MA HA KA UA LA QA*
```

做中性查询时，CZ 的连接等级标识为 DS#和 AS#，说明得到的航班数据是真实的，可以直接使用 SD 指令订座；而对于 MH(马来西亚航空公司)，由于其连接等级标识为 DS*,说明此时得到的数据不是实时的，所以要加上航空公司两字代码进一步查询才能看到航班座位的真实情况。

>AV CANKUL/14JAN/MH

```
14JAN14(TUE) CANKUL FROM MH
1   MH381    CANKUL 0100    0505    738 0 M    J4 C4 D4 Z4 I4 Y9 B9 H9 K9 M9*
2   MH377    CANKUL 1440    1845    738 0 M    J4 C4 D4 Z4 I4 Y9 B9 H9 K9 M9*
3+  MH9097   CANKUL 0825    1225    320 0 M    J4 C4 D4 Y9 B9 H9 K9 M9 L9
```

此时的查询结果来自马来西亚航空公司系统，得到的数据是准确的，可以依此订座。

第三节 订座处理

与国内旅客订座记录的建立过程相同，在查询到航班座位的可利用情况之后，接下来的操作就是订座处理。订座时使用的指令依然是 SD 或 SS，但是由于中航信 CRS 系统和各个航空公司系统之间连接等级多种多样，所以订座之后，营业员应提取旅客订座记录，检查行动代码和状态代码，以及记录编号(大编码)的返回情况，以便核实是否真正订妥座位，并确保 CRS 系统中的订座记录与航空公司系统中的记录保持一致。

一、状态代码及行动代码

状态代码和行动代码，通常出现在旅客订座记录的航段组和特殊服务组中，代理人通过检查状态代码和行动代码，来确定这个订座记录的真实占座情况，以及所申请的特殊服务有没有得到航空公司的证实。

下面是旅客订座记录中常见的一些行动代码和状态代码：

行动代码	描述	封口后状态及含义	
DR	再确认	RR	再确认
DK	直接占座	HK	确认
DW	候补	HL	候补
KK	确认	HK	确认
KL	从候补状态确认	HK	确认
SS	销售	SS	确认
TK	确认，提示旅客航班时刻已更改	HK	确认

(续)

行动代码	描述	封口后状态及含义	
TL	候补，提示旅客航班时刻已更改	HL	候补
TN	申请，提示旅客航班时刻已更改	HN	申请
NN	申请	HN	申请
NO	航空公司不允许销售	该航段被移入 PNR 的历史部分	
UC	航班已关闭	该航段被移入 PNR 的历史部分	
UN	航班取消	该航段被移入 PNR 的历史部分	
US	航班已关闭，但可以候补	HL	候补
UU	不接受订座，但可以候补	HL	候补
XL	取消候补	该航段被移入 PNR 的历史部分	
XX	取消确认或申请	该航段被移入 PNR 的历史部分	

二、记录编号返回

国际订座时，如果选择与中航信 CRS 系统有连接协议的航空公司作为承运人，后台的处理流程大致如下：

(1) 营业员在 CRS 系统中建立 PNR；

(2) 系统将订座信息传送到航空公司系统，航空公司系统生成相应的 PNR；

(3) 航空公司系统将记录编号(大编码)返回到 CRS 系统。

由于不同的航空公司和中航信 CRS 系统的连接方式不同，旅客订座记录编号的返回格式并不统一，大概有如下形式：

(1) 国内的航空公司：

    RMK CA/XXXXXX

(2) 国外航空公司：

① 单一编码返回格式

例 1：RMK UA/3QE6HN

例 2：RMK 1A/ZLQOJP

    ……

② 两个编码返回格式

例 1：RMK 1G/RXVKZ2

       RMK GA/7FGVRU

例 2：RMK 1G/KGK71M

       RMK AK MUC1A YCEZRS/1G

    ……

代理人在建立旅客订座记录后，一定要检查 PNR 中是否返回了相应格式和数量的记录编号(大编码),以确保 CRS 系统中的订座记录和航空公司系统中的订座记录保持一致。如果发现返回的记录编号格式或者数量不对,都说明 PNR 不匹配了,代理人应及时通知航空公司或中航信,千万不可在不匹配的情况下进行后续操作。

除了直联航空公司、通过 GDS 转接的航空公司以外,还有一些航空公司和中航信 CRS 系统之间没有连接协议,如果代理人选择这些航空公司的航班,航信系统通过向航空公司拍发国际统一标准的订座电报完成订座;航空公司收到订座报文,就会对记录做相应的处理;一般订座后为 HN 申请状态,没有航空公司的记录编号返回。

第四节　旅客信息输入

根据美国、加拿大、英国、日本、澳大利亚等国家有关政府部门的要求,所有前往或途经这些国家的乘客(来回程航班旅客,包括婴儿),须向其订票代理提供 API(Advanced Passenger Information)信息。

API 也叫做机载人员信息预报,是指经营国际航班的航空公司将其搭载的旅客及机组人员等信息通过网络传输到目的地国家的政府部门,边防检查站将在旅客(机组人员)实际入出境前对信息进行预处理。预处理信息包括两项:一是航班信息,航空公司及航班号、入境前的最后一个起飞机场、入境后的第一个到达机场、计划起飞日期时间(当地)、计划抵港离港日期时间、旅客或机组成员人数;二是航班载运人员信息,姓名、国籍、性别、出生日期、护照证件类别、护照证件号码、护照证件有效期截止日期、人员类别(旅客或机组人员、是否过境)、最初登机机场、最后下机机场。目的是为了有效地提高人员出入境效率,缩短通关时间。同时,可以加强对人员的管控能力,预防非法出入境案件发生。

2008 年 5 月 1 日起,API 在我国开始全面实施。

API 信息包括 SSR DOCS,输入旅客的护照等证件信息;SSR DOCA,输入旅客的居住地以及目的地地址信息;SSR DOCO,输入旅客的其他相关信息,如 VISA 卡信息等。

一、护照等证件信息

指令格式:
>SSR DOCS 航空公司代码 HK1 证件类型/发证国家/证件号码/国籍/ 出生日期/ 性别/ 证件有效期限/SURNAME(姓)/FIRST-NAME(名)/MID-NAME(中间名)/ 持有人标识H/P1

例 9-2:中国旅客李欣先生持本国签发的号码为 G153365 的护照旅行,旅客生日为 1986 年 12 月 12 日,护照有效期为 2019 年 12 月 30 日。
>SSR DOCS CA HK1 P/CHN/G153365/CHN/12DEC86/M/30DEC19/LI/XIN/P1

例 9-3:中国旅客李欣先生带着一名女童李明和一名男婴李华,持上例中的护照旅行，儿童生日为 2010 年 5 月 5 日，婴儿生日为 2013 年 3 月 26 日。

>SSR DOCS CA HK1 P/CHN/G153365/CHN/12DEC86/M/30DEC19/LI/XIN//H/P1

>SSR DOCS CA HK1 P/CHN/G153365/CHN/05MAY10/F/30DEC19/LI/MING/P2

>SSR DOCS CA HK1 P/CHN/G153365/CHN/26MAR13/MI/30DEC19/LI/HUA/P1

说明：M：先生　F：女士　MI：男婴　FI：女婴

H：护照持有者(如果是多人共用一本护照，护照持有者本人需加 H)

二、旅客居住地及目的地信息

(1) 输入旅客居住地信息指令格式：

>SSR DOCA 航空公司代码 HK1 R/ 国家/ 详细地址/ 城市/ 所在省市(州)信息/ 邮编/I 婴儿标识/P1

(2) 输入旅客目的地信息指令格式：

>SSR DOCA 航空公司代码 HK1 D/ 国家/ 详细地址/ 城市/ 所在省市(州)信息/ 邮编/I 婴儿标识/P1

例 9-4：

旅客居住地：美国加利福尼亚州(CA)的洛杉矶 Los Angeles，

详细地址为：No.1, Sunset Blvd　邮编：90069

带着一名婴儿，前往美国佐治亚州 Georgia(GA)的亚特兰大 Atlanta(ATL)，

详细地址为：No.2，Peachtree Street　邮编：30339

>SSR DOCA CA HK1 R/USA/ No 1 Sunset Blvd / Los Angeles /CA/90069/P1

>SSR DOCA CA HK1 R/USA/ No 1 Sunset Blvd / Los Angeles /CA/90069/I/P1

>SSR DOCA CA HK1 D/USA/No 2 Peachtree Street/Atlanta/GA/30339/P1

>SSR DOCA CA HK1 D/USA/No 2 Peachtree Street/Atlanta/GA/30339/I/P1

三、旅客的其他信息

指令格式：

>SSR DOCO 航空公司代码 HK1 出生地/ 类型 V/VISA 卡号码/ 发卡地区/ 发卡日期/ 卡有效国家或地区/ 婴儿标识 I/P1

说明：

SSR DOCO 为可选项，目前系统只接收旅客 VISA 卡信息。

四、DAPI

由于 API 信息输入较为复杂，系统提供了 DAPI 指令以简化营业员的输入。该指令会自动将当前 PNR 中的相关信息如姓名项等显示在屏幕上，用户可以通过填写屏幕中相关项的内容来自动生成 API 信息。

指令格式：
>DAPI:Pn,In
说明：
Pn：旅客标识；**In**：婴儿标识(通常为I1)。
指令输入后，会在屏幕上显示如下信息：

```
UAPI: P1                                *** All Dates in DDMMYY Format ***
SSR DOCS - PRIMARY TRAVEL DOCUMENT INFORMATION
Surname: _____   Gender(M/F/U): _   Infant(Y/N): _
First Name: _____  Date of Birth: _____
Middle Name: _____  Nationality: __
Document Type: __  Document Number: _____  Issuing Country/State: __
Expiry Date: _____   Multi-Passenger Primary Passport Holder(Y/N): _


SSR DOCO - OTHER TRAVEL RELATED INFORMATION
Place of Birth: _____
Document Type: _  Document Number: _____
Place of Issue: _____           Issue Date: _____
Country/State applies: __


SSR DOCA - ADDRESS INFORMATION
Residence Address: _____       All(X): _
  City: _____    Postal Code: _____
  State/Province/Country Sub: _____   Country: __
Destination Address: _____      All(X): _
  City: _____    Postal Code: _____
  State/Province/Country   Sub: _____
Country: __

              TRANSMIT FROM HERE _    F3 - CANCEL  F4 - REFRESH
```

营业员填写完上述信息后，在"TRANSMIT FROM HERE _"处提交，在PNR中就会自动产生旅客的SSR DOCS、SSR DOCA、SSR DOCO组项的信息。

说明：

目前，国际旅客订座记录出票前，SSR DOCS项必须输入；SSR DOCO为可选项；SSR DOCA 则要根据航空公司的要求确定是否要输入。

思 考 题

1. 中国民航代理人系统的航班数据来源有哪些？
2. 对于连接等级标识为 DS*的航空公司，AV 查询时加航空公司两字代码和不加有什么区别？
3. 检查 PNR 中返回的大编码有何意义？
4. 什么是 API？实施 API 的意义何在？

学习单元十 SITA 运价查询

实训目的和要求

(1) 掌握两点间公布运价的查询方法；
(2) 掌握查看公布票价注释的方法；
(3) 掌握 PNR 未建立时含税票价的查询方法；
(4) 掌握 PNR 建立后含税票价的计算方法；
(5) 掌握显示运价计算横式的方法；
(6) 掌握查看含税运价使用规则的方法；
(7) 掌握国际客票出票流程。

实训内容

(1) 应用 XS FSD 查询两点间的公布运价；
(2) 应用 XS FSN 显示票价注释；
(3) PNR 未建立时应用 XS FSP 查询含税票价；
(4) PNR 建立后的运价计算；
(5) 应用 XS FSQ 展开运价计算横式；
(6) 应用 XS FSG 显示运价使用规则；
(7) 国际客票出票操作。

第一节 公布票价的查询

一、两点间公布票价的显示 XS FSD

日常工作中，营业员可以使用 XS FSD 指令显示城市对之间的公布票价。
该指令常用格式如下：
>XS FSD CANPAR——查询广州至巴黎的票价；
>XS FSD CANPAR/AF ——查询广州至巴黎的法航票价；

>XS FSD CANPAR<CH/AF ——查询儿童票价；
>XS FSD CANPAR<IN/AF——查询婴儿票价；
>XS FSD CANPAR/28DEC/AF ——指定日期查询；
>XS FSD CANPAR/28DEC/*C/AF ——指定舱位查询；
>XS FSD CANPAR/28DEC/*RT/AF ——查询来回程票价；
>XS FSD CANPAR/28DEC<CH/*C/*RT/AF——综合查询。

例 10-1：查询广州至悉尼的南航票价。

>XS FSD CANSYD/CZ

```
FSD CANSYD/CZ/CNY
SEE 3U   AA   AC   AF   AY   BA   BR   CA   CX   DL   EY   FM   HU   JL
    KA   KE   LA   LH   MF   MH   MU   NH   NW   QF   QR   SA   SC   SK
    SN   SQ   SU   TG   UA   UO   UU   V3   VA   VN   VS   WY   YY   ZH
1 NUC = 6.120290 CNY ROUNDING UP TO 10.00 CNY
16DEC13*16DEC13/CZ    CANSYD/EH/      /TPM 4668/MPM 5601/CNY
01 AOWQP6     /           41100      /A/    .    /            /CSP1R
02 DPRQP      /ADVP  7D/  22000/D/ 3D. 6M/              /CSP7R
03 YRTQP      /          21100/Y/    .12M/                /CSP2R
04 ELAPQP     /ADVP 21D/   4100/E/ 5D. 6M/08NOV 31DEC/CSP3R
05 SLRCQP6    /ADVP 14D/   5300/S/ 3D. 6M/08NOV 31DEC/CSP2R
16DEC13*16DEC13/YY    CANSYD/EH/      /TPM 4668/MPM 5601/CNY
06 FIF        /           35440      /P*   .    /            /FLSE
07 FIF        /           54520/P*   .    /            /FLSE
RFSONLN/1E /EFEP_2/FCC=D/PAGE 1/3
```

说明：

(1) 如果该航线有 YY 运价，会先显示指定航空公司的票价，然后再显示 YY 公布运价。如例 10-1 中的 01-05 票价是南航的票价，06-07 票价为 YY 运价。

(2) RFSONLN/1E /EFEP_15/FCC=D/PAGE 1/3 说明还有其他运价，此时可以指令 XS FSPN 显示下一页的票价。

(3) 舱位后的*号表示舱位有限制要求，可以使用"XS FXS 序号"查看舱位限制的具体内容。

二、显示票价注解 XS FSN

在使用 XS FSD 查询票价之后，如果想进一步查看该票价的使用规则，应使用

XS FSN 指令。

指令格式：

>XS FSN 票价序号

说明：

票价序号是指 XS FSD 查询结果中的票价序号。

例 10-2：

如果想查看例 10-1 中第五种票价的使用规则，可以输入：

>XS FSN5

```
FSN 005/16DEC13                    CSP2/CZ /008/IPRPG/ATP
16DEC13*16DEC13/CZ    CANSYD/EH/ADT    /TPM 4668/MPM  5601/CNY
05 SLRCQP6   /ADVP 14D/      5300/S/ 3D. 6M/08NOV 31DEC/CSP2R
00. TITLE/APPLICATION
FARE CLS   EXPLANATION                       BOOK CODES
————————   ——————————————                    ——————————

SLRCQP6    BASIC SEASON PREMIUM ECONOMY EXCURSION     S
           FARES
           FOR ROUND TRIP FARES
           FARE TYPE CODE ZEX


NO BOOKING CODE EXCEPTIONS FOR CARRIER - USE PRIME
RULE - 008/CSP2
PREMIUM ECONOMY RESTRICTED FARES
 APPLICATION
   CLASS OF SERVICE
     THESE FARES APPLY FOR ECONOMY CLASS SERVICE.
 OTHER CONDITIONS
    ————————————————————————————————————————————————
   NOTICE OF REISSUANCE
   FOR TOTALLY UNUSED TICKETS.USING CURRENT FARES AND
RFSONLN/1E /EFEP_15/FCC=D/PAGE 1/24
```

说明：

结果的最后一行出现"RFSONLN/1E /EFEP_15/FCC=D/PAGE 1/24"，说明规则的内容共有 24 页，当前显示的是第 1 页的内容；此时，可以使用 XS FSPN 翻看下一页的内容。

如果营业员想查看第 5 种票价的规则目录，可以输入：
>XS FSN5//I

```
FSN 005/16DEC13              CSP2/CZ /008/IPRPG/ATP
16DEC13*16DEC13/CZ   CANSYD/EH/ADT   /TPM 4668/MPM 5601/CNY
05 SLRCQP6  /ADVP 14D/      5300/S/ 3D. 6M/08NOV 31DEC/CSP2R
00. TITLE/APPLICATION        03. SEASONALITY
04. FLIGHT APPLICATION       05. ADVANCE RES/TICKETING
06. MINIMUM STAY             07. MAXIMUM STAY
08. STOPOVERS                09. TRANSFERS
10. PERMITTED COMBINATIONS   12. SURCHARGES
15. SALES RESTRICTIONS       16. PENALTIES-CHANGES/CANCEL
17. HIP/MILEAGE EXCEPTIONS   18. TICKET ENDORSEMENT
19. CHILDREN/INFANT DISCOUNTS 31. VOLUNTARY CHANGES
            ****** SELECT CATEGORIES ******
RFSONLN/1E /EFEP_15/FCC=D/PAGE 1/1
```

如果营业员想查看第 5、6、12 项的内容，可以输入：
>XS FSN5//5/6/12

```
FSN 005/16DEC13              CSP2/CZ /008/IPRPG/ATP
16DEC13*16DEC13/CZ   CANSYD/EH/ADT   /TPM 4668/MPM 5601/CNY
05 SLRCQP6  /ADVP 14D/      5300/S/ 3D. 6M/08NOV 31DEC/CSP2R
05. ADVANCE RES/TICKETING
  RESERVATIONS ARE REQUIRED FOR ALL SECTORS.
  TICKETING MUST BE COMPLETED AT LEAST 14 DAYS BEFORE
  DEPARTURE.
06. MINIMUM STAY
  TRAVEL FROM LAST INTERNATIONAL STOPOVER MUST COMMENCE NO
  EARLIER THAN 3 DAYS AFTER DEPARTURE OF THE FIRST
  INTERNATIONAL SECTOR.
12. SURCHARGES
  A SURCHARGE OF AUD 220.00 WILL BE ADDED TO THE APPLICABLE
  FARE FOR TRAVEL FOR ANY SECTOR BETWEEN SYD AND AKL
```

```
    OR - A SURCHARGE OF AUD 190.00 WILL BE ADDED TO THE
         APPLICABLE FARE FOR TRAVEL FOR ANY SECTOR BETWEEN SYD
         AND BNE
    OR - A SURCHARGE OF AUD 190.00 WILL BE ADDED TO THE
         APPLICABLE FARE FOR TRAVEL FOR ANY SECTOR BETWEEN SYD
         AND MEL
    OR - A SURCHARGE OF AUD 370.00 WILL BE ADDED TO THE
    RFSONLN/1E /EFEP_15/FCC=D/PAGE 1/3
```

三、票价以另一种货币显示 XS FXC

使用 XS FSD 查到的票价，默认是以 CNY(人民币)形式发布的，营业员可以使用 XS FXC 指令将票价转换成另一种旅客熟悉的货币类型来显示。

例 10-3：

>XS FSD CANSIN

```
FSD CANSIN/YY/CNY
SEE 3K  3U  9W  AA  AC  AF  AI  AM  AR  AY  AZ  BA  BR  CA
    CI  CO  CX  CZ  DL  EK  ET  EY  FJ  FM  GA  GS  HO  HU
    HX  IT  JJ  JL  KA  KE  KL  KU  LA  LH  LO  LP  LX  MF
    MH  MI  MK  MP  MU  NH  NW  NX  NZ  O8  OS  OZ  PR  QF
    QR  SA  SC  SK  SN  SQ  SU  TG  UA  UO  V3  VS  WY  ZH
1 NUC = 6.120290 CNY ROUNDING UP TO 10.00 CNY
17DEC13*17DEC13/YY   CANSIN/EH/     /TPM 1631/MPM 1957/CNY
    01 FIF    /    12840       /F/   .   /      /A3FL
    02 FIF    /           19740/F/   .   /      /A3FL
    03 CIF    /    10440       /C/   .   /      /A3FL
    04 CIF    /           16060/C/   .   /      /A3FL
    05 YIF    /     6800       /Y/   .   /      /A3FL
    06 YIF    /           10460/Y/   .   /      /A3FL
RFSONLN/1E /EFEP_15/FCC=D/PAGE 1/1
```

如果要将上述结果中的第一种票价用新加坡币种来显示，则应输入：

>XS FXC01/SGD

```
FXC 1/SGD/S/17DEC13
17DEC13*17DEC13/YY    CANSIN/EH/ADT    /TPM 1631/MPM  1957/CNY
01 FIF        /    12840      /F/  .  /          /A3FL
   ****EQUIV FARE SUBJECT TO FARE CONSTRUCTION CHECKS****
             RATE BSR 1CNY=0.21349SGD
    FARE CONVERTED AND ROUNDED UP TO NEXT 1.00 SGD
01 FIF        /   2742.00     /F/  .  /          /A3FL
RFSONLN/1E /EFEP_15/FCC=D/PAGE 1/1
```

第二节 PNR 建立后的运价计算

若营业员已经为旅客建立了订座记录，在出票之前，可以使用 QTE 指令进行运价计算，并且可以进一步通过 DFSQ 指令生成 FN、FC、EI、TC 组项。

一、QTE 显示运价计算结果

在已经建立航段组的情况下，使用 QTE 可以按照指定航段计算旅客全航程的票价，包括附加费和税金。

指令常用格式：

>QTE:/CZ —— CZ 为出票航空公司

>QTE:CH/CZ—— 查询儿童（婴儿）票价

>QTE:IN/CZ—— 查询儿童（婴儿）票价

>QTE:/CZ* —— 显示最低票价

>QTE:*YEE45/CZ —— 指定票价类别

>QTE:/CZ//HKG —— 指定出票地

>QTE:/CZ///HKD —— 指定货币类型

说明：

(1) QTE 指令显示的票价是含税票价。

(2) 使用 QTE 指令时，必须输入航空公司两字代码，否则会导致燃油附加税计算错误。

例 10-4：

已为旅客预订广州至新加坡来回程，航段如下：

```
1. CZ353   Y   SU22JUN  CANSIN DK1   0830 1230        320 C 0  R E --1
2. CZ352   Y   MO30JUN  SINCAN DK1   0800 1140        321 C 0  R E 1 -
```

计算旅客全航程票价，则可输入：

>QTE:/CZ

显示结果如下：

```
FSI/CZ
S CZ    353Y22JUN CAN0830 1230SIN0S       320
S CZ    352Y30JUN SIN0800 1140CAN0S       321
01 YRT1QB6              6056 CNY                    INCL TAX
*SYSTEM DEFAULT-CHECK OPERATING CARRIER
*TKT STOCK RESTR
*ATTN PRICED ON 18DEC13*1705
 CAN
 SIN YRT1QB6         NVB      NVA22JUN 1PC
 CAN YRT1QB6         NVB      NVA22JUN 1PC
FARE   CNY    4950
TAX    CNY       90CN CNY    3900 CNY   977XT
TOTAL  CNY    6056
22JUN14CAN CZ SIN404.39CZ CAN404.39NUC808.78END ROE6.120290
XT CNY 300P CNY 97SG CNY 50YQ CNY 800YR
ENDOS *NONEND
*AUTO BAGGAGE INFORMATION AVAILABLE - SEE FSB
RFSONLN/1E /EFEP_2/FCC=T/
```

说明：

(1) 订座情况代码：

S——座位已订妥；

L——申请或候补；

O——OPEN 航段；

U——情况不明。

(2) 日期变更标识：

空格：到达与出发日期相同；

＞ ：到达日期比出发日期晚一天；

+\ ：到达日期比出发日期晚两天；

＜ ：到达日期比出发日期早一天。

(3) 经停标识：

S: Stopover 停留时间超过 24 小时；

X：No Stopover 停留时间在24小时以内；

U：Unknown 情况不明。

二、显示运价计算横式 XS FSQ

如果营业员使用QTE只查询到一种票价，票价计算的横式会自动显示。如果查找到的票价有多种，营业员可使用XS FSQ指令显示某种票价计算的横式。

指令格式：

\>XS FSQ 票价序号

例10-5：

旅客订座记录如下：

\>RT

```
1. GAO/WX HR4BHK
2.   CA965  Y    WE12FEB   PEKFRA HK1   0200 0510          E T3T1
3.   CA966  Y    WE26FEB   FRAPEK HK1   1420 0700+1        E T1T3
4. CAN/T CAN/T-020-28318220/GZ MEIYA E-COMMERCE INTERNATIONAL BUSINESS TRAVEL
     CO./WULIMEI ABCDEFG
5. 13560358675
6. TL/0000/12FEB/CAN826
7. SSR ADTK 1E BY CAN25DEC13/2103 OR CXL CA ALL SEGS
8. OSI YY CTCT13560358675
9. RMK CA/NB218G
10. CAN826
```

\>QTE:/CA

```
FSI/CA
S CA    965Y12FEB PEK0200 0510FRA0S       773
S CA    966Y26FEB FRA1420>0700PEK0S       773
01 YRT                36224 CNY              INCL TAX
02 YRTCT+YRT          31414 CNY              INCL TAX
03 YRTCT              26604 CNY              INCL TAX
*SYSTEM DEFAULT-CHECK OPERATING CARRIER
*ATTN PRICED ON 18DEC13*2108
RFSONLN/1E /EFEP_10/FCC=D/PAGE 1/1
```

>XS FSQ03

```
FSI/CA
 S CA    965Y12FEB PEK0200 0510FRA0S     773
 S CA    966Y26FEB FRA1420>0700PEK0S     773
 01 YRT                 36224 CNY              INCL TAX
 02 YRTCT+YRT           31414 CNY              INCL TAX
 03 YRTCT               26604 CNY              INCL TAX
*SYSTEM DEFAULT-CHECK OPERATING CARRIER
*ATTN PRICED ON 18DEC13*2109
 BJS
 FRA YRTCT          NVB      NVA12FEB 1PC
 BJS YRTCT          NVB      NVA12FEB 1PC
FARE    CNY     23380
TAX     CNY     90CN CNY    56DE CNY   3078XT
TOTAL CNY       26604
12FEB14BJS CA FRA1910.04CA BJS1910.04NUC3820.08END ROE6.1202
90
XT CNY 3550Y CNY 273RA CNY 50YQ CNY 2400YR
ENDOS *NON-END/PENALTY APPLS
*AUTO BAGGAGE INFORMATION AVAILABLE - SEE FSB
RFSONLN/1E /EFEP_10/FCC=T/
```

显示票价计算的横式之后，可以使用 DFSQ 指令来生成 PNR 中的 FN、FC、EI、TC 等组项。

>DFSQ:

```
FN:FCNY23380.00/SCNY23380.00/C2.00
-      /TCNY90.00CN/TCNY56.00DE/TCNY3078.00XT/ACNY26604.00
FC:12FEB14BJS CA FRA1910.04
-       CA BJS1910.04
-       NUC3820.08
-       END
-       / ROE6.120290
-       /XT
-       355.000Y 273.00RA 50.00YQ 2400.00YR
EI:NON-END/PENALTY APPLS
RMK:OT/0/2215//CA
```

在上述结果的末尾双击之后,FN、FC、EI 等组项就会添加到 PNR 中,也可以对上述内容修改之后再提交。

三、显示运价附加规则 XS FSG

QTE 查询之后,如果需要查看某种票价的适用规则,可以使用 XS FSG 指令。指令格式:

>XS FSG 票价序号

如例 10-5,如果需要查看第三种票价的规则,应输入:

>XS FSG 03

```
FXG 001/12FEB14      BJSFRA   ADT  E2CD/CA /IPREUAS/004 /ATPCO/
00.TITLE/APPLICATION
FARE CLS    EXPLANATION                        BOOK CODES
--------    -----------------------            ----------
YRTCT       REGULAR EXCURSION FARES                 Y
            BETWEEN AREA 3 AND EUROPE FOR ROUND TRIP FARES
            FARE TYPE CODE XEX

NO BOOKING CODE EXCEPTIONS FOR CARRIER - USE PRIME
RULE - 004/E2CD
01.ELIGIBILITY
   NO ELIGIBILITY REQUIREMENTS.
02.DAY/TIME
   NO DAY/TIME TRAVEL RESTRICTIONS.
03.SEASONALITY
   NO SEASONAL TRAVEL RESTRICTIONS.
04.FLIGHT APPLICATION
NOTE - RULE CN99 IN IPRG APPLIES
<<   IF THE FARE COMPONENT INCLUDES TRAVEL BETWEEN EUROPE AND
<<   AREA 3
<<       THEN THAT TRAVEL MUST BE ON
RFSONLN/1E /EFEP_10/FCC=D/PAGE 1/23
```

此时,可以使用 XS FSPN 指令翻页显示后续内容;也可以使用>XS FSG03//I 查看规则目录;或者应用>XS FSG03//5/7 形式查看指定项目的具体内容。

第三节 国际客票出票实例

国际出票 PNR 的建立流程与国内相似，对应于国内出票前所使用的 PAT:和 PAT:A 指令，国际则使用 DFSQ:和 DFSQ:A 来产生 PNR 中的 FN、FC 等组项。应注意，DFSQ:和 DFSQ:A 指令不会自动产生 FP 项，所以出票前，营业员应根据旅客的付款方式手工输入 FP 组项。

一、国际客票出票 PNR 建立实例

例 10-6：广州至新加坡来回程出票 PNR,应用 DFSQ:产生 FN、FC 等组项。

>SS SQ853 Y 10JAN CANSIN NN1
>SS SQ850 Y 22JAN SINCAN NN1
>NM 1GAO/WX MS
>CT 13560557766
>TKTL/1200/08JAN/CAN999
>SSR DOCS SQ HK1 P/CHN/G54523/CHN/30MAY78/F/30DEC19/GAO/WX
>QTE:/SQ
>XS FSQ 2
>DFSQ: （提交产生的 FN/FC/EI 等组项）
>FP CASH,CNY
>@

二、国际客票出票实例

例 10-7：为旅客预订南航广州至巴黎的来回程并出票。

>AV H/CANPAR/12FEB/CZ
>SD1Y/RR1
>AV H/PARCAN/26FEB/CZ
>SD1Y/RR1
>NM 1ZHANG/XIN MR
>CT 1356678866
>SSR DOCS CZ HK1 P/CHN/G676536/CHN/12DEC66/M/30DEC18/ZHANG/XIN
>QTE:/CZ
>DFSQ:A
>FP CASH,CNY
>ETDZ:16

注意:

(1) 使用 DFSQ:A 指令后,PNR 不能封口,只能立即出票。

(2) 使用 DFSQ:A 指令、FN、FC、EI、TC 项将自动存储到 PNR 中,并增加自动出票"A"标识,其中自动存储的 FN、FC、TC 项(除行李额,代理费信息外),不可手工修改,修改后系统不允许出票。

(3) 使用 DZ/ETDZ 出票时指定的航空公司须与 QTE:指定的航空公司一致,否则系统不允许出票。

思 考 题

1. 使用 QTE 查询票价时,加航空公司两字代码与不加有什么区别?
2. 出票前使用 DFSQ:与 DFSQ:A 有何区别?

附录一　国内外航空公司代码

公司名称(中文)	公司名称(英文)	两字代码	数字代码	所属国家/地区
美国航空公司	American Airlines	AA	001	美国
加拿大航空公司	Air Canada	AC	014	加拿大
法国航空公司	Air France	AF	057	法国
印度航空公司	Air India	AI	098	印度
芬兰航空公司	Finnair	AY	105	芬兰
意大利航空公司	Alitalia	AZ	055	意大利
英国航空公司	British Airways	BA	125	英国
奥凯航空公司	Okay Airways Company Limited	BK	866	中国
中国国际航空公司	Air China	CA	999	中国
中华航空公司	China Airlines	CI	297	中国台湾
国泰航空公司	Cathay Pacific Airways Limited	CX	160	中国香港
中国南方航空公司	China Southern Airlines	CZ	784	中国
达美航空公司	Delta Airlines	DL	006	美国
阿联酋航空公司	Emirates	EK	176	阿拉伯联合酋长国
成都航空公司	Chengdu Airlines Co.,Ltd	EU	811	中国
上海航空公司	Shanghai Airlines	FM	774	中国
华夏航空公司	China Express Airlines	G5	987	中国
吉祥航空公司	Juneyao Airlines	HO	081	中国
海南航空公司	Hainan Airlines	HU	880	中国
日本航空公司	Japan Airlines	JL	131	日本
港龙航空公司	Hong Kong Dragon Airlines	KA	043	中国香港
大韩航空公司	Korean Air	KE	180	大韩
荷兰皇家航空公司	KLM-Royal Dutch Airlines	KL	074	荷兰
联合航空公司	China United Airlines	KN	822	中国
德国汉莎航空公司	Deutsche Lufthansa	LH	220	德国
以色列航空公司	El Al Israel Airlines	LY	114	以色列

(续)

公司名称(中文)	公司名称(英文)	两字代码	数字代码	所属国家/地区
厦门航空有限公司	Xiamen Airlines	MF	731	中国
马来西亚航空公司	Malaysia Airlines System	MH	232	马来西亚
中国东方航空公司	China Eastern Airlines	MU	781	中国
全日空航空公司	All Nippon Airways	NH	205	日本
美国西北航空公司	Northwest Airlines	NW	012	美国
澳门航空公司	Air Macau Company Ltd.	NX	675	中国澳门
新西兰航空公司	Air New Zealand	NZ	086	新西兰
奥地利航空公司	Austrian Airlines	OS	257	奥地利
韩亚航空公司	Asitrian Airlines	OZ	988	韩国
巴基斯坦航空公司	Pakistan International Airlines	PK	214	巴基斯坦
快达航空公司	Qantas Airways	QF	081	澳大利亚
山东航空公司	Shandong Airlines	SC	324	中国
北欧航空公司	SAS	SK	117	北欧三国
新加坡航空公司	Singapore Airlines	SQ	618	新加坡
瑞士航空公司	Swiss Airlines	SR	085	瑞士
俄罗斯航空公司	Aeroflot Russian Airlines	SU	555	俄罗斯
泰国航空公司	Thai Airways International	TG	217	泰国
美国联合航空公司	United Airlines	UA	016	美国
越南航空公司	Vietnam Airlines	VN	738	越南
维珍航空公司	Virgin Atlantic	VS	932	英国
深圳航空公司	Shenzhen Airlines	ZH	479	中国
四川航空公司	Sichuan Airlines	3U	876	中国
祥鹏航空公司	Lucky Airlines	8L	859	中国
春秋航空公司	Spring Airlines Ltd.	9C	089	中国

附录二 国内主要城市/机场三字代码

代码	全称	所属省(自治区)
AAT	阿勒泰	新疆
AKA	安康	陕西
AKU	阿克苏	新疆
AQG	安庆	安徽
BAV	包头	内蒙古
BHY	北海	广西
BPX	昌都	西藏
BSD	保山	云南
CAN	广州	广东
CGD	常德	湖南
CGO	郑州	河南
CGQ	长春	吉林
CHG	朝阳	辽宁
CHW	酒泉	甘肃
CIF	赤峰	内蒙古
CIH	长治	山西
CKG	重庆	重庆
CNI	长海	辽宁
CSX	长沙	湖南
CTU	成都	四川
CZX	常州	江苏
DAT	大同	山西
DAX	达县	四川
DDG	丹东	吉林
DGM	东莞	广东
DLC	大连	辽宁
DLU	大理	云南

(续)

代码	全称	所属省(自治区)
DNH	敦煌	甘肃
DOY	东营	山东
DYG	大庸	湖南
DYG	张家界	湖南
ENH	恩施	湖北
ENY	延安	陕西
FOC	福州	福建
FUG	阜阳	安徽
FUO	佛山	广东
GHN	广汉	四川
GOQ	格尔木	青海
GYS	广元	四川
HAK	海口	海南
HEK	黑河	黑龙江
HET	呼和浩特	内蒙古
HFE	合肥	安徽
HGH	杭州	浙江
HLD	海拉尔	内蒙古
HLH	乌兰浩特	内蒙古
HMI	哈密	新疆
HNY	衡阳	湖南
HRB	哈尔滨	黑龙江
HSC	韶关	广东
HSN	舟山	浙江
HTN	和田	新疆
HYN	黄岩	浙江
HZG	汉中	陕西
INC	银川	宁夏
IQM	且末	新疆
IQN	庆阳	甘肃
JDZ	景德镇	江西
JGN	嘉峪关	甘肃

(续)

代码	全称	所属省(自治区)
JGS	井冈山	江西
JHG	西双版纳(景洪)	云南
JIL	吉林	吉林
JIU	九江	江西
JJN	晋江	福建
JMU	佳木斯	黑龙江
JNZ	锦州	辽宁
JUZ	衢州	浙江
JZH	九寨沟	四川
KCA	库车	新疆
KHG	喀什	新疆
KHN	南昌	江西
KMG	昆明	云南
KNC	吉安	江西
KOW	赣州	江西
KRL	库尔勒	新疆
KRY	克拉玛依	新疆
KWE	贵阳	贵州
KWL	桂林	广西
LHW	兰州	甘肃
LJG	丽江	云南
LLF	永州	湖南
LUM	芒市	云南
LUZ	庐山	江西
LXA	拉萨	西藏
LYA	洛阳	河南
LYG	连云港	江苏
LYI	临沂	山东
LZH	柳州	广西
LZO	泸州	四川
LZY	林芝	西藏
MDG	牡丹江	黑龙江

附录二 国内主要城市/机场三字代码

(续)

代码	全称	所属省(自治区)
MIG	绵阳	四川
MXZ	梅州	广东
NAO	南充	四川
NAY	北京南苑机场	北京
NDG	齐齐哈尔	黑龙江
NGB	宁波	浙江
NKG	南京	江苏
NLT	那拉提	新疆
NNG	南宁	广西
NNY	南阳	河南
NTG	南通	江苏
NZH	满洲里	黑龙江
PEK	北京首都机场	北京
PVG	上海浦东	上海
SHA	上海虹桥	上海
SHE	沈阳	辽宁
SHF	山海关	河北
SHP	秦皇岛	河北
SHS	沙市	湖北
SIA	西安	陕西
SJW	石家庄	河北
SWA	汕头	广东
SYM	思茅	云南
SYX	三亚	海南
SZV	苏州	江苏
SZX	深圳	广东
TAO	青岛	山东
TCG	塔城	新疆
TEN	铜仁	贵州
TGO	通辽	内蒙古
TNA	济南	山东
TSN	天津	天津

147

(续)

代码	全称	所属省(自治区)
TXN	黄山	安徽
TYN	太原	山西
URC	乌鲁木齐	新疆
UYN	榆林	陕西
WEF	潍坊	山东
WEH	威海	山东
WNH	文山	云南
WNZ	温州	浙江
WUH	武汉	湖北
WUS	武夷山	福建
WUX	无锡	江苏
WUZ	梧州	广西
WXN	万县	重庆
XEN	兴城	辽宁
XFN	襄樊	湖北
XIC	西昌	四川
XIL	锡林浩特	内蒙古
XMN	厦门	福建
XNN	西宁	青海
XNT	邢台	河北
XUZ	徐州	江苏
YBP	宜宾	四川
YIH	宜昌	湖北
YIN	伊宁	新疆
YIW	义乌	浙江
YNJ	延吉	吉林
YNT	烟台	山东
YNZ	盐城	江苏
YUA	元谋	云南
YUC	运城	山西
ZAT	昭通	云南
ZHA	湛江	广东
ZUH	珠海	广东
ZYI	遵义	贵州

附录三 国际主要城市/机场三字代码

三字代码	英文名称	中文名字	国家/地区(英文)	国家/地区(中文)
AAL	Aalborg	奥尔堡	Denmark	丹麦
ABD	Abadan	阿巴丹	Iran	伊朗
ABJ	Abidjan	阿比让	Coted Lvoire	科特迪瓦
ABV	Abuja	阿布贾	Nigeria	尼日利亚
ABZ	Aberdeen	阿伯丁	UK	英国
ACA	Acapulco	阿卡普尔科	Mexico	墨西哥
ADD	Addis Ababa	亚的斯亚贝巴	Ethiopia	埃塞俄比亚
ADE	Aden	亚丁	Ye Men	也门
ADL	Adelaide	阿德莱德	Australia	澳大利亚
AGP	Malaga	马尼拉	Spain	西班牙
AKL	Auckland	奥克兰	New Zealand	新西兰
ALA	Alma Ata	阿拉木图	Kazakhstan	哈萨克斯坦
ALG	Algiers	阿尔及尔	Algeria	阿尔及利亚
ALY	Alexandria	亚历山大	Egypt	埃及
AMM	Amman	安曼	Jordan	约旦
AMS	Amsterdam	阿姆斯特丹	Netherlands	荷兰
ANC	Anchorage	安克雷奇	USA	美国
ANK	Ankara	安卡拉	Turkey	土耳其
ANR	Antwerp	安特卫普	Belgium	比利时
ARN	Stockholm	阿兰达机场	Sweden	瑞典
ASB	Ashkhabad	阿什戈巴特	Turkmenistan	土库曼斯坦
ASU	Asuncion	亚松森	Paraguay	巴拉圭
ATH	Athens	雅典	Greece	希腊
ATL	Atlanta	亚特兰大	USA	美国
AUH	Abu dhabi	阿布扎比	United Arab Emirates	阿拉伯联合酋长国
BAH	Manama	麦纳麦	Bahrain	巴林
BAK	Baku	巴库	Azerbai jan	阿塞拜疆

(续)

三字代码	英文名称	中文名字	国家/地区(英文)	国家/地区(中文)
BBU	Bucharest	伯尼亚萨机场	Romania	罗马尼亚
BCG	Bogota	埃尔多拉多机场	Colombia	哥伦比亚
BCN	Barcelona	巴塞罗那	Spain	西班牙
BEG	Belgrade	贝尔格莱德	Serbia and montengro	塞尔维亚和黑山
BER	Berlin	柏林	Germany	德国
BES	Brest	布雷斯特	France	法国
BEY	Beirut	贝鲁特	Lebanon	黎巴嫩
BGF	Bangui	班吉	Central Africa	中非
BGI	Bridgetown	布里奇敦	Barbados	巴巴多斯
BGO	Bergen	卑尔根	Norway	挪威
BGW	Banhdad	巴格达	Iraq	伊拉克
BHX	Birmingham	伯明翰	UK	英国
BIO	Bilbao	毕尔巴鄂	Spain	西班牙
BJS	Beijing	北京	China	中国
BKD	Bamako	塞努机场	Mali	马里
BKK	Bangkok	曼谷	Thailand	泰国
BKL	Clkveland	克利夫兰	USA	美国
BKO	Bamako	巴马科	Mali	马里
BLL	Billund	伦德	Denmark	丹麦
BLQ	Bologna	博洛尼亚	Italy	意大利
BMA	Stockholm	布罗马机场	Sweden	瑞典
BNE	Brisbane	布里斯班	Australia	澳大利亚
BOD	Bordeaux	波尔多	France	法国
BOG	Bogota	波哥大	Colombia	哥伦比亚
BOM	Mumbai	孟买	India	印度
BOS	Boston	波士顿	USA	美国
BRE	Bremen	不来梅	Germany	德国
BRN	Berne	伯尔尼	Switzerland	瑞士
BRU	Brussels	布鲁塞尔	Belgium	比利时
BSB	Brasilia	巴西利亚	Brazil	巴西
BSL	Basel	巴塞尔	Switzerland	瑞士
BSR	Basra	巴士拉	Iraq	伊拉克

附录三　国际主要城市/机场三字代码

(续)

三字代码	英文名称	中文名字	国家/地区(英文)	国家/地区(中文)
BUD	Budapest	布达佩斯	Hungary	匈牙利
BUE	Buenos Aires	布宜诺斯艾利斯	Argentina	阿根廷
BUH	Bucharest	布加勒斯特	Romania	罗马尼亚
BZV	Brazzaville	布拉柴维尔	Congo	刚果
CAI	Cairo	开罗	Egypt	埃及
CAS	Casablanca	卡萨布兰卡	Morocco	摩洛哥
CAY	Cayenne	卡宴	French Guiana	法属圭亚那
CBR	Canberra	堪培拉	Australia	澳大利亚
CCS	Caracas	加拉斯加	Venezuela	委内瑞拉
CCU	Calucutta	加尔各达	India	印度
CDG	Paris	巴黎戴高乐机场	French	法国
CGP	Chittagong	吉大港	Bangladesh	孟加拉国
CHC	Christchurch	克莱斯特切奇	New Zealand	新西兰
CHI	Chicago	芝加哥	USA	美国
CIA	Roma	钱皮诺机场	Italy	意大利
CKY	Conakry	科纳克里	Guinea	几内亚
CMB	Colombo	科伦坡	SriLanda	斯里兰卡
COO	Cotonou	科托努	Benin	贝宁
CPH	Copenhagen	哥本哈根	Denmark	丹麦
CPT	Cape town	开普敦	South Africa	南非
CVG	Cincinnati	辛辛那提	USA	美国
DAC	Dhaka	达卡	Bangladesh	孟加拉国
DAM	Damascus	大马士革	Syria	叙利亚
DAR	Dar es salaam	达累斯萨拉姆	Tanzania	坦桑尼亚
DEL	Delhi	新德里	India	印度
DEN	Denver	丹佛	USA	美国
DFW	Dallas	达拉斯	USA	美国
DKR	Dakar	达喀尔	Senegal	塞内加尔
DLA	Douala	杜阿勒	Cameroon	喀麦隆
DOD	Dodoma	多多马	Tanzania	坦桑尼亚
DOH	Doha	多哈	Qatar	卡塔尔
DPS	Bali is	巴厘岛	Indonesia	印度尼西亚

151

(续)

三字代码	英文名称	中文名字	国家/地区(英文)	国家/地区(中文)
DRW	Darwin	达尔文	Australia	澳大利亚
DTT	Detroit	底特律	USA	美国
DUB	Dublin	都柏林	Ireland	爱尔兰
DUS	Dusseldorf	杜塞尔多夫	Germany	德国
DXB	Dubai	迪拜	United Arab Emirates	阿拉伯联合酋长国
DYU	Bushanbe	杜尚别	Tajikistan	塔吉克斯坦
EDI	Edinburgh	爱丁堡	UK	英国
ESB	Ankara	埃森博阿机	Turkey	土耳其
EVN	Erevan	埃里温	Armenia	亚美尼亚
EZE	Buenos Aires	埃塞萨机场	Argentina	阿根廷
FBU	Oslo	福内布机场	Norway	挪威
FIH	Kinshasa	金沙萨	D.R. Congo	刚果(金)／扎伊尔
FLR	Florence	佛罗伦萨	Italy	意大利
FNA	Freetown	弗里敦	Sierra Leone	塞拉利昂
FNJ	Pyongyang	平壤	Korea North	朝鲜
FRA	Frankfurt	法兰克福	Germany	德国
FRU	Bishkek	比什凯克	Kyrgyzstan	吉尔吉斯斯坦
FUK	Fukuoka	福冈	Japan	日本
GCA	Guacamaya	瓜卡马亚	Colombia	哥伦比亚
GEN	Oslo	加勒穆恩机场	Norway	挪威
GLA	Glasgow	格拉斯哥	UK	英国
GOA	Genoa	热那亚	Italy	意大利
GOH	Nuuk	努克	Denmark	丹麦
GOT	Gothenburg	哥德堡	Sweden	瑞典
GOT	Gothenburg	兰韦特尔机场	Sweden	瑞典
GSE	Gothenburg	赛韦机场	Sweden	瑞典
GUA	Guatemala City	危地马拉城	Guatemala	危地马拉
GUM	Guam	关岛	USA	美国
GVA	Geneva	日内瓦	Switzerland	瑞士
HAM	Hamburg	汉堡	Germany	德国
HAN	Hanoi	河内	Vietnam	越南
HAV	Havana	哈瓦那	Cuba	古巴

附录三 国际主要城市/机场三字代码

(续)

三字代码	英文名称	中文名字	国家/地区(英文)	国家/地区(中文)
HEL	Helsinki	赫尔辛基	Finland	芬兰
HIJ	Hiroshima	广岛	Japan	日本
HKG	Hong Kong	香港	China	中国
HND	Tokyo	东京羽田机场	Japan	日本
HNL	Honolulu	檀香山	USA	美国
HOU	Houston	休斯敦	USA	美国
HRE	Harare	哈拉雷	Zimbabwe	津巴布韦
IEV	Kiev	基辅	Ukraine	乌克兰
IKT	Irkutsk	伊尔库茨克	Russia(East of the Urals)	俄罗斯(亚洲部分)
IND	Indianapolis	印第安纳波利斯	USA	美国
ISB	Islamabad	伊斯兰堡	Pakistan	巴基斯坦
IST	Istanbul	伊斯坦布尔	Turhey	土耳其
ITM	Osaka	大阪国际机场	Japan	日本
JED	Jeddah	吉达	Saudi Arabia	沙特阿拉伯
JFK	New York	纽约肯尼迪机场	USA	美国
JIB	Djibouti	吉布地	Djibouti	吉布提
JKT	Jakarta	雅加达	Indonesia	印度尼西亚
JNB	Johannesburg	约翰内斯堡	South Africa	南非
JRS	Jerusalem	耶路撒冷	Jordan	约旦
KBL	Kabul	喀布尔	Afghanistan	阿富汗
KCK	Kansas	堪萨斯	USA	美国
KGL	Kigali	基加利	Rwanda	卢旺达
KHH	Kaohsiung	高雄	Taiwan	中国(台湾)
KHI	Karachi	卡拉奇	Pakistan	巴基斯坦
KHV	Khabarovsk	哈巴罗夫斯克	Russia(East of the Urals)	俄罗斯(亚洲部分)
KIN	Kingston	金斯敦	Jamaica	牙买加
KIV	Kishinev	基什尼奥夫	Moldova	摩尔多瓦
KIX	Osaka	大阪关西机场	Japan	日本
KRK	Krakow	克拉科夫	Poland	波兰
KRT	Khartoum	喀士穆	Sudan	苏丹
KTM	Kathmandu	加德满都	Nepal	尼泊尔
KUL	Kuala Lumpur	吉隆坡	Malaysia	马来西亚

153

(续)

三字代码	英文名称	中文名字	国家/地区(英文)	国家/地区(中文)
KWI	Kuwait	科威特	Kuwait	科威特
KZN	Kazan	喀山	Russia(East of the Urals)	俄罗斯(亚洲部分)
LAD	Luanda	罗安达	Angola	安哥拉
LAS	Las vegas	拉斯维加斯	USA	美国
LAX	Los Angeles	洛杉矶	USA	美国
LBV	Libreville	利伯维尔	Gabon	加蓬
LCA	Laranca	拉纳卡	Cyprus	塞浦路斯
LED	St Petersburg	圣彼得堡	Russia(West of the Urals)	俄罗斯(欧洲部分)
LEJ	Leipzig	莱比锡	Germany	德国
LFW	Lome	洛美	Togo	多哥
LGW	London	伦敦盖特威克机场	UK	英国
LHR	London	伦敦希斯罗机场	UK	英国
LIM	Lima	利马	Peru	秘鲁
LIS	Lisbon	里斯本	Portugal	葡萄牙
LON	London	伦敦	UK	英国
LOS	Lagos	拉各斯	Nigeria	尼日利亚
LPB	La Paz	拉巴斯	Bolivia	玻利维亚
LPL	Liverpool	利物浦	UK	英国
LUN	Lusaka	卢萨卡	Zambia	赞比亚
LUX	Luxembourg	卢森堡	Luxembourg	卢森堡
LYS	Lyon	里昂	France	法国
MAA	Chennai	金奈	India	印度
MAD	Madrid	马德里	Spain	西班牙
MAN	Manchester	曼彻斯特	UK	英国
MBA	Mombasa	蒙巴萨	Kenya	肯尼亚
MCT	Muscat	马斯喀特	Oman	阿曼
MEL	Melbourne	墨尔本	Australia	澳大利亚
MEX	Mexico City	墨西哥城	Mexico	墨西哥
MFM	Macau	澳门	China	中国
MGA	Managua	马那瓜	Nicaragua	尼加拉瓜
MGC	Michigan	密执安	USA	美国
MHP	Minsk	明斯克第一机场	Belarus	白俄罗斯

附录三　国际主要城市/机场三字代码

（续）

三字代码	英文名称	中文名字	国家/地区(英文)	国家/地区(中文)
MIA	Miami	迈阿密	USA	美国
MIL	Milan	米兰	Italy	意大利
MLA	Valletta	瓦莱塔	Malta	马耳他
MLE	Male	马累	Maldives	马尔代夫
MLW	Monrovia	蒙罗维亚	Liberia	利比里亚
MNL	Manila	马尼拉	Philippines	菲律宾
MOW	Moscow	莫斯科	Russia(West of the Urals)	俄罗斯(欧洲部分)
MPM	Maputo	马普托	Mozambique	莫桑比克
MRS	Marseille	马赛	France	法国
MRU	Port Louis	路易斯港	Mauritius	毛里求斯
MSQ	Minsk	明斯克	Belarus	白俄罗斯
MSQ	Minsk	明克斯第二机场	Belarus	白俄罗斯
MUC	Munich	慕尼黑	Germany	德国
MVD	Montevideo	蒙得维得亚	Uruguay	乌拉圭
MXP	Milan	马尔彭萨机场(米兰)	Italy	意大利
NAN	Nadi	楠迪	Fiji	斐济
NAS	Nassau	那骚	Bahamas	巴哈马
NAX	Honolulu	巴伯斯角那厮机场(檀香山)	USA	美国
NBO	Nairobi	内罗毕	Kenya	肯尼亚
NCE	Nice	尼斯	France	法国
NDJ	Ndjamena	恩贾梅纳	Chad	乍得
NGO	Nagoya	名古屋	Japan	日本
NGS	Nagasaki	长崎	Japan	日本
NIC	Nicosia	尼科西亚	Cyprus	塞浦路斯
NRT	Tokyo	东京成田机场	Japan	日本
NUE	Nuremberg	纽伦堡	Germany	德国
NYC	New York	纽约	USA	美国
ODS	Odessa	敖德萨	Ukraine	乌克兰
OKA	Okinawa	冲绳岛	Japan	日本
OPF	Miami	奥帕洛卡机场(迈阿密)	USA	美国

(续)

三字代码	英文名称	中文名字	国家/地区(英文)	国家/地区(中文)
OPO	Porto	波尔图	Portugal	葡萄牙
ORD	Chicago	芝加哥奥黑尔机场	USA	美国
ORY	Paris	巴黎奥利机场	France	法国
OSA	Osaka	大阪	Japan	日本
OSL	Oslo	奥斯陆	Norway	挪威
OTP	Bucharest	奥托佩尼机场(布加勒斯特)	Romania	罗马尼亚
OVB	Novosibirsk	新西伯利亚	Russia(East of the Urals)	俄罗斯(亚洲部分)
PAP	Port au Prince	太子港	Haiti	海地
PAR	Paris	巴黎	France	法国
PBM	Paramaribo	帕拉马里博	Surinam(e)	苏里南
PEK	Beijing	北京首都机场	China	中国
PEN	Pinang	槟榔屿(槟城)	Malaysia	马来西亚
PER	Perth	珀斯	Australia	澳大利亚
PEW	Peshawar	沙瓦	Pakistan	巴基斯坦
PHC	Port Harcourt	哈科特港	Nigeria	尼日利亚
PHL	Philadelphia	费城	USA	美国
PIT	Pittsburgh	匹兹堡	USA	美国
PNH	Phnom Penh	金边(柬)	Cambodia	柬埔寨
POM	Port Moresby	莫尔兹尔港	Papua New Guinea	巴布亚新几内亚
POS	Port of Spain	西班牙港	Trinidad & Tobago	特立尼达和多巴哥
PPT	Papeete	帕皮堤	French Polynesia	法属波利尼西亚
PRG	Prague	布拉格	Czech Rep	捷克
PRY	Pretoria	比勒陀利亚	South Africa	南非
PSA	Pisa	比萨	Italy	意大利
PTY	Panama City	巴拿马城	Panama	巴拿马
PUJ	Punta Cana	卡纳角	Dominican Rep	多米尼加共和国
PUS	Busan	釜山	Korea South	韩国
PVG	Shanghai	上海浦东机场	China	中国
QPG	Singapore	巴耶利巴机场(新加坡)	Singapore	新加坡
QRA	Johannesburg	兰德机场(约翰内斯堡)	South Africa	南非

附录三　国际主要城市/机场三字代码

(续)

三字代码	英文名称	中文名字	国家/地区(英文)	国家/地区(中文)
RAK	Marrakech	马拉喀什	Morocco	摩洛哥
RBA	Rabat	拉巴特	Morocco	摩洛哥
REK	Reykjavik	雷克雅未克	Iceland	冰岛
RGN	Rangon	仰光	Myanmar	缅甸
RIO	Rio de Janeiro	里约热内卢	Brazil	巴西
RIX	Riga	里加	Latvia	拉脱维亚
RKE	Copenhagen	罗斯基勒机场(哥本哈根)	Denmark	丹麦
ROB	Monrovia	罗伯茨国际机场(蒙罗维亚)	Liberia	利比里亚
ROM	Rome	罗马	Italy	意大利
RTM	Rotterdam	鹿特丹	Netherlands	荷兰
RUH	Riyadh	利雅得	Saudi Arabia	沙特阿拉伯
RUN	St Dnis D.L, Reunion	圣丹尼斯	Reunion	留尼汪岛
RWP	Rawalpindi	拉瓦尔品第	Pakistan	巴基斯坦
SAH	Sanaa	萨那	Ye Men	也门
SAO	Sao Paulo	圣保罗	Brazil	巴西
SCL	Santiago de Chile	圣地亚哥	Chile	智利
SDA	Banhdad	萨达姆国际机场(巴格达)	Iraq	伊拉克
SDJ	Sendai	仙台	Japan	日本
SDQ	Santo Domingo	圣多明各	Dominican Rep	多米尼加共和国
SEA	Seattle	西雅图	USA	美国
SEL	Seoul	首尔	Korea South	韩国
SEZ	Mahe Is.	马埃岛	Seychelles	塞舌尔
SFO	San Francisco	旧金山	USA	美国
SGN	Ho Chi Mingh City	胡志明市	Vietnam	越南
SHA	Shanghai	上海	China	中国
SIN	Singapore	新加坡	Singapore	新加坡
SJO	San Jose	圣何塞	Costa Rica	哥斯达黎加
SLW	Saltillo	萨尔蒂罗	Mexico	墨西哥

157

(续)

三字代码	英文名称	中文名字	国家/地区(英文)	国家/地区(中文)
SNN	Shannon	香农	Ireland	爱尔兰
SOF	Sofia	索菲亚	Bulgaria	保加利亚
SPK	Sapporo	札幌	Japan	日本
STN	London	伦敦斯坦斯特德	UK	英国
STO	Stockholm	斯德哥尔摩	Sweden	瑞典
SUV	Suva	苏瓦	Fiji	斐济
SVO	Moscow	谢列梅捷沃机场(莫斯科)	Russia(West of the Urals)	俄罗斯(欧洲部分)
SVQ	Sevilla	塞维利亚	Spain	西班牙
SXF	Berlin	舍讷费尔德机场(柏林)	Germany	德国
SXM	Saint Maarten	圣马丁	Netherlands Antilles	荷属安的列斯
SYD	Sydney	悉尼	Australia	澳大利亚
TAS	Tashkent	塔什干	Uzbekistan	乌兹别克斯坦
TBS	Tbilsi	第比利斯	Georgia	格鲁吉亚
TGU	Tegucigalpa	特古西加尔巴	Honduras	洪都拉斯
THF	Berlin	滕伯尔霍夫机场	Germany	德国
THR	Tehran	德黑兰	Iran	伊朗
TIA	Tirana	地拉那	Albania	阿尔巴尼亚
TIP	Tripoli	的黎波里	Libya	利比亚
TLL	Tallin	塔林	Estonia	爱沙尼亚
TLS	Toulouse	图卢兹	France	法国
TLV	Tel Aviv	特拉维夫	Isael	以色列
TMB	Miami	肯德尔-塔迈阿密行政机场	USA	美国
TNR	Antananarivo	塔那那利佛	Madagascar	马达加斯加
TPE	Taipei	台北	Taiwan	中国(台湾)
TRN	Turin	都灵	Italy	意大利
TSA	Taipei	松山机场	Taiwan	中国(台湾)
TUN	Tunis	突尼斯	Tunis	突尼斯
TXL	Berlin	泰格尔机场	Germany	德国
TYO	Tokyo	东京	Japan	日本
UAM	Guam	安德森空军基地机场	USA	美国

附录三　国际主要城市/机场三字代码

(续)

三字代码	英文名称	中文名字	国家/地区(英文)	国家/地区(中文)
UIO	Quito	基多	Ecuador	厄瓜多尔
VCE	Venice	威尼斯	Italy	意大利
VIE	Vienna	维也纳	Austria	奥地利
VKO	Moscow	伏努科沃机场	Russia	俄罗斯
VLC	Valencia	巴伦西亚	Spain	西班牙
VLN	Valencia	巴伦西亚	Venezuela	委内瑞拉
VNO	Vilnius	维尔纽斯	Lithuania	立陶宛
VNS	Varanasi	瓦拉纳西	India	印度
VTE	Vientiane	万象	Laos	老挝
VVO	Vladivostok	符拉迪沃斯托科机场	Russia	俄罗斯
WAS	Washington D C	华盛顿	USA	美国
WAW	Warsaw	华沙	Poland	波兰
WDH	Windhoek	温得和克	Namibia	纳米比亚
WLG	Wellington	惠灵顿	New Zealand	新西兰
XFW	Hamburg	芬肯韦尔德尔机场	Germany	德国
XSP	Singapore	实里达机场	Singapore	新加坡
YAO	Yaounde	雅温得	Cameroon	喀麦隆
YEA	Edmonton al	埃德蒙顿	Canada	加拿大
YEG	Edmonton al	埃德蒙顿国际机场	Canada	加拿大
YMQ	Montreal	蒙特利尔	Canada	加拿大
YMX	Montreal	米拉贝尔机场	Canada	加拿大
YOB	Quebec city	魁北克	Canada	加拿大
YOW	Ottawa	渥太华	Canada	加拿大
YTO	Toronto	多伦多	Canada	加拿大
YUL	Montreal	多尔瓦勒机场	Canada	加拿大
YVR	Vancouver	温哥华	Canada	加拿大
YWG	Winnipeg	温尼伯	Canada	加拿大
YYZ	Toronto	莱斯特波尔森国际机场	Canada	加拿大
ZAM	Zamboanga	三宝颜	Philippines	菲律宾
ZNZ	Zanzibar	桑给巴尔	Tanzania	坦桑尼亚
ZRH	Zurich	苏黎士	Switzerland	瑞士

附录四 国家或地区代码

国家或地区英文名称	国家或地区中文名称	两字代码	三字代码
AFGHANISTAN	阿富汗	AF	AFG
ALBANIA	阿尔巴尼亚	AL	ALB
ALGERIA (El Djazaïr)	阿尔及利亚	DZ	DZA
ANDORRA	安道尔	AD	AND
ANGOLA	安哥拉	AO	AGO
ANTARCTICA	南极洲	AQ	ATA
ANTIGUA AND BARBUDA	安提瓜	AG	ATG
ARGENTINA	阿根廷	AR	ARG
ARMENIA	亚美尼亚	AM	ARM
AUSTRALIA	澳大利亚	AU	AUS
AUSTRIA	奥地利	AT	AUT
AZERBAIJAN	阿塞拜疆	AZ	AZE
BAHAMAS	巴哈马	BS	BHS
BAHRAIN	巴林	BH	BHR
BANGLADESH	孟加拉国	BD	BGD
BARBADOS	巴巴多斯	BB	BRB
BELARUS	白俄罗斯	BY	BLR
BELGIUM	比利时	BE	BEL
BELIZE	伯利兹	BZ	BLZ
BENIN	贝宁	BJ	BEN
BERMUDA	百慕大	BM	BMU
BHUTAN	不丹	BT	BTN
BOLIVIA	玻利维亚	BO	BOL
BOTSWANA	博茨瓦纳	BW	BWA
BRAZIL	巴西	BR	BRA
BULGARIA	保加利亚	BG	BGR
BURUNDI	布隆迪	BI	BDI
CAMBODIA	柬埔寨	KH	KHM

(续)

国家或地区英文名称	国家或地区中文名称	两字代码	三字代码
CAMEROON	喀麦隆	CM	CMR
CANADA	加拿大	CA	CAN
CAPE VERDE	佛得角	CV	CPV
CENTRAL AFRICAN REPUBLIC	中非共和国	CF	CAF
CHAD	乍得	TD	TCD
CHILE	智利	CL	CHL
CHINA	中国	CN	CHN
COLOMBIA	哥伦比亚	CO	COL
COMOROS	科摩罗	KM	COM
CONGO, REPUBLIC OF	刚果共和国	CG	COG
CONGO, THE DEMOCRATIC REPUBLIC OF THE	刚果民主共和国	CD	COD
CÔTE D'IVOIRE (Ivory Coast)	科特迪瓦	CI	CIV
CROATIA (Hrvatska)	克罗地亚	HR	HRV
CUBA	古巴	CU	CUB
CYPRUS	塞浦路斯	CY	CYP
CZECH REPUBLIC	捷克	CZ	CZE
DENMARK	丹麦	DK	DNK
DJIBOUTI	吉布提	DJ	DJI
DOMINICA	多米尼加	DM	DMA
DOMINICAN REPUBLIC	多米尼加共和国	DO	DOM
ECUADOR	厄瓜多尔	EC	ECU
EGYPT	埃及	EG	EGY
ERITREA	厄立特里亚	ER	ERI
ESTONIA	爱沙尼亚	EE	EST
ETHIOPIA	埃塞俄比亚	ET	ETH
FAEROE ISLANDS	法罗群岛	FO	FRO
FALKLAND ISLANDS (MALVINAS)	福克兰群岛	FK	FLK
FIJI	斐济	FJ	FJI
FINLAND	芬兰	FI	FIN
FRANCE	法国	FR	FRA
FRENCH GUIANA	法属圭亚那	GF	GUF
FRENCH POLYNESIA	法属玻利尼西亚	PF	PYF

(续)

国家或地区英文名称	国家或地区中文名称	两字代码	三字代码
FRENCH SOUTHERN TERRITORIES	法属南部领土	TF	ATF
GABON	加蓬	GA	GAB
GAMBIA	冈比亚	GM	GMB
GEORGIA	格鲁吉亚	GE	GEO
GERMANY	德国	DE	DEU
GHANA	加纳	GH	GHA
GIBRALTAR	直布罗陀	GI	GIB
GREAT BRITAIN	英国	GB	GBR
GREECE	希腊	GR	GRC
GREENLAND	格林兰	GL	GRL
GRENADA	格林纳达	GD	GRD
GUADELOUPE	哥德洛普	GP	GLP
GUAM	关岛	GU	GUM
GUATEMALA	危地马拉	GT	GTM
GUERNSEY ISLANDS	耿济岛	GG	GGY
GUINEA	几内亚	GN	GIN
GUINEA-BISSAU	几内亚—比绍共和国	GW	GNB
GUYANA	圭亚那	GY	GUY
HAITI	海地	HT	HTI
HONDURAS	洪都拉斯	HN	HND
HONG KONG	香港	HK	HKG
HUNGARY	匈牙利	HU	HUN
ICELAND	冰岛	IS	ISL
INDIA	印度	IN	IND
INDONESIA	印度尼西亚	ID	IDN
IRAN (Islamic Republic of Iran)	伊朗	IR	IRN
IRAQ	伊拉克	IQ	IRQ
IRELAND	爱尔兰	IE	IRL
ISLE OF MAN	马恩岛	IM	IMN
ISRAEL	以色列	IL	ISR
ITALY	意大利	IT	ITA
JAMAICA	牙买加	JM	JAM

附录四 国家或地区代码

(续)

国家或地区英文名称	国家或地区中文名称	两字代码	三字代码
JAPAN	日本	JP	JPN
JORDAN	约旦	JO	JOR
KAZAKHSTAN	哈萨克斯坦	KZ	KAZ
KENYA	肯尼亚	KE	KEN
KIRIBATI	基里巴斯	KI	KIR
KOREA(Democratic Peoples Republic of [North] Korea)	朝鲜	KP	PRK
KOREA (Republic of [South] Korea)	韩国	KR	KOR
KUWAIT	科威特	KW	KWT
KYRGYZSTAN	吉尔吉斯斯坦	KG	KGZ
LAO PEOPLE'S DEMOCRATIC REPUBLIC	老挝	LA	LAO
LATVIA	拉脱维亚	LV	LVA
LEBANON	黎巴嫩	LB	LBN
LESOTHO	莱索托	LS	LSO
LIBERIA	利比里亚	LR	LBR
LIBYA (Libyan Arab Jamahirya)	利比亚	LY	LBY
LIECHTENSTEIN (Fürstentum Liechtenstein)	列支敦士登	LI	LIE
LITHUANIA	立陶宛	LT	LTU
LUXEMBOURG	卢森堡	LU	LUX
MACAO (Special Administrative Region of China)	澳门	MO	MAC
MACEDONIA (Former Yugoslav Republic of Macedonia)	马其顿	MK	MKD
MADAGASCAR	马达加斯加	MG	MDG
MALAWI	马拉维	MW	MWI
MALAYSIA	马来西亚	MY	MYS
MALDIVES	马尔代夫	MV	MDV
MALTA	马耳他	MT	MLT
MAURITIUS	毛里求斯	MU	MUS
MEXICO	墨西哥	MX	MEX
MOLDOVA	摩尔多瓦	MD	MDA
MONACO	摩纳哥	MC	MCO
MONGOLIA	蒙古	MN	MNG

国家或地区英文名称	国家或地区中文名称	两字代码	三字代码
MOROCCO	摩洛哥	MA	MAR
MOZAMBIQUE (Moçambique)	莫桑比克	MZ	MOZ
MYANMAR (formerly Burma)	缅甸	MM	MMR
NAMIBIA	纳米比亚	NA	NAM
NAURU	瑙鲁	NR	NRU
NEPAL	尼泊尔	NP	NPL
NETHERLANDS	荷兰	NL	NLD
NEW ZEALAND	新西兰	NZ	NZL
NICARAGUA	尼加拉瓜	NI	NIC
NIGERIA	尼日利亚	NG	NGA
NORWAY	挪威	NO	NOR
OMAN	阿曼	OM	OMN
PAKISTAN	巴基斯坦	PK	PAK
PANAMA	巴拿马	PA	PAN
PAPUA NEW GUINEA	巴布亚新几内亚	PG	PNG
PARAGUAY	巴拉圭	PY	PRY
PERU	秘鲁	PE	PER
PHILIPPINES	菲律宾	PH	PHL
POLAND	波兰	PL	POL
PORTUGAL	葡萄牙	PT	PRT
QATAR	卡塔尔	QA	QAT
RÉUNION	留尼汪岛	RE	REU
ROMANIA	罗马尼亚	RO	ROU
RUSSIAN FEDERATION	俄罗斯联邦	RU	RUS
RWANDA	卢旺达	RW	RWA
SAMOA	萨摩亚	WS	WSM
SENEGAL	塞内加尔	SN	SEN
SERBIA (Republic of Serbia)	赛尔维亚	RS	SRB
SEYCHELLES	塞舌尔	SC	SYC
SINGAPORE	新加坡	SG	SGP
SLOVAKIA (Slovak Republic)	斯洛伐克	SK	SVK
SLOVENIA	斯洛文尼亚	SI	SVN

(续)

国家或地区英文名称	国家或地区中文名称	两字代码	三字代码
SOMALIA	索马里	SO	SOM
SOUTH AFRICA	南非	ZA	ZAF
SPAIN	西班牙	ES	ESP
SRILANKA	斯里兰卡	LK	LKA
SUDAN	苏丹	SD	SDN
SURINAME	苏里南	SR	SUR
SWEDEN	瑞典	SE	SWE
SWITZERLAND	瑞士	CH	CHE
SYRIAN ARAB REPUBLIC	叙利亚	SY	SYR
TAIWAN	中国台湾	TW	TWN
TAJIKISTAN	塔吉克斯坦	TJ	TJK
TANZANIA	坦桑尼亚	TZ	TZA
THAILAND	泰国	TH	THA
TOGO	多哥	TG	TGO
TUNISIA	突尼斯	TN	TUN
TURKEY	土耳其	TR	TUR
TURKMENISTAN	土库曼斯坦	TM	TKM
TUVALU	图瓦卢	TV	TUV
UKRAINE	乌克兰	UA	UKR
UNITED ARAB EMIRATES	阿拉伯联合酋长国	AE	ARE
UNITED KINGDOM	英国	GB	GBR
UNITED STATES	美国	US	USA
URUGUAY	乌拉圭	UY	URY
UZBEKISTAN	乌兹别克斯坦	UZ	UZB
VANUATU	瓦努阿图	VU	VUT
VATICAN CITY (Holy See)	梵蒂冈	VA	VAT
VENEZUELA	委内瑞拉	VE	VEN
VIET NAM	越南	VN	VNM
YEMEN	也门	YE	YEM
ZAMBIA	赞比亚	ZM	ZMB
ZIMBABWE	津巴布韦	ZW	ZWE

附录五 美国各州的两字代码

州英文名称	二字代码	州中文名称
Alabama	AL	亚拉巴马
Alaska	AK	阿拉斯加
Arizona	AZ	亚力桑那
Arkansas	AR	阿肯色
California	CA	加利福尼亚
Colorado	CO	科罗拉多
Connecticut	CT	康涅狄格
Delaware	DE	特拉华
Florida	FL	佛罗里达
Georgia	GA	佐治亚
Hawaii	HI	夏威夷
Idaho	ID	爱达荷
Illinois	IL	伊利诺斯
Indiana	IN	印第安纳
Iowa	IA	依阿华
Kansas	KS	堪萨斯
Kentucky	KY	肯塔基
Louisiana	LA	路易斯安那
Maine	ME	缅因
Maryland	MD	马里兰
Massachusetts	MA	马萨诸塞(麻省)
Michigan	MI	密歇根
Minnesota	MN	明尼苏达
Mississippi	MS	密西西比
Missouri	MO	密苏里
Montana	MT	蒙大拿
Nebraska	NE	内布拉斯加

(续)

州英文名称	二字代码	州中文名称
Nevada	NV	内华达
New Hampshire	NH	新罕布什尔
New Jersey	NJ	新泽西
New Mexico	NM	新墨西哥
New York	NY	纽约
North Carolina	NC	北卡罗来纳
North Dakota	ND	北达科他
Ohio	OH	俄亥俄
Oklahoma	OK	俄克拉荷马
Oregon	OR	俄勒冈
Pennsylvania	PA	宾夕法尼亚
Rhode Island	RI	罗德岛
South Carolina	SC	南卡罗来纳
South Dakota	SD	南达科他
Tennessee	TN	田纳西
Texas	TX	得克萨斯
Utah	UT	犹他
Vermont	VT	佛蒙特
Virginia	VA	弗吉尼亚
Washington	WA	华盛顿
West Virginia	WV	西弗吉尼亚
Wisconsin	WI	威斯康星
Wyoming	WY	怀俄明

附录六 常见出错信息提示汇总

ACTION：行动代码不正确

AIRLINE：航空公司代码不正确

CHECK CONTINUITY：检查航段的连续性，使用@I,或增加地面运输航段

CONTACT ELEMENT MISSING：缺少联系组，将旅客的联系电话输入到PNR中

DATE：输入的日期不正确

ELE NBR：序号不正确

FLT NUMBER：航班号不正确

FORMAT：输入格式不正确

ILLEGAL：不合法

INFANT：缺少婴儿标识

INVALID CHAR：存在非法字符，或终端参数设置有误

MAX TIME FOR EOT - IGNORE PNR AND RESTART：建立了航段组，但未封口的时间超过5分钟，这时系统内部已经做了IG，将座位还原，营业员应做IG，并重新建立PNR

NAME LENGTH：姓名超长或姓氏少于两个字符

NAMES：PNR中缺少姓名项

NO DISPLAY：没有显示

NO NAME CHANGE FOR MU/Y：某航空公司不允许修改姓名

NO QUEUE：说明该部门此类信箱不存在

OFFICE：部门代号不正确

PENDING：表示有未完成的旅客订座PNR，在退号前必须完成或放弃它。

PLEASE SIGN IN FIRST：请先输入工作号，再进行查询

PLS INPUT FULL TICKET NUMBER：输入完整的票号，航空公司代码及十位票号

PLS NM1XXXX/XXXXXX：姓名中应加斜线(/)，或斜线数量不正确

PROFILE PENDING：表示未处理完常旅客的订座，PSS：ALL处理

PROT SET：工作号密码输入错误

Q TYPE：所要发送到的信箱的种类在目的部门中没有定义

Q EMPTY：信箱为空，没有需要处理的内容

QUE PENDING：表示未处理完信箱中的 QUEUE、QDE 或 QNE

RL：记录编号不存在

SCH NBR：航线序号不符

SEATS：订座数与 PNR 中姓名数不一致，可 RT 检查当前的 PNR

SEGMENT：航段

SIMULTANEOUS MODIFICATION—REENTER MODIFICATION：类似的修改，IG，并重新输入当前的修改

TICKET PRINTER IN USE：表示未退出打票机的控制，退出后即可

TIME：输入时间不正确

UNABLE：不能

USER GRP：工作号级别输入错误

WORKING Q：表示营业员正在对某一种信箱进行处理，未处理完时，不能再处理另外一种 Q。这时若要结束原来的处理，可以做 QDE 或 QNE，然后再 QS：xx

附录七 常见机型代码

机型代码	座位数	飞机型号
AB3	181-317	空中客车公司 A300 客机
AB4	211-317	空中客车公司 A300-B2/B4/C4 客机
AB6	207-317	空中客车公司 A300-600 客机
AN4	40-50	安东诺夫设计集团安-24
AN6	50-N/A	安东诺夫设计集团安-26/30/32
ARJ	50-113	阿夫洛公司 RJ70/85/100
ATP	64-68	英国宇航公司 ATP
CRJ	50-86	康纳戴尔区域喷气机
DC3	18-30	波音公司(道格拉斯)DC-3 客机
DC6	52-80	波音公司(道格拉斯)DC-6B 客机
DC8	125-250	波音公司(道格拉斯)DC-8 客机
DC9	60-139	波音公司(道格拉斯)DC-9 客机
D1C	229-357	波音公司(道格拉斯)DC-10-30/40 客机
D1M	195-235	波音公司(道格拉斯)DC-10 混合机
D10	229-374	波音公司(道格拉斯)DC-10 客机
D11	237-374	波音公司(道格拉斯)DC-10-10/15 客机
D8F	50-73	波音公司(道格拉斯)DC-8 50-73 货机
D8M	118-N/A	波音公司(道格拉斯)DC-8 混合机
D9S	84-139	波音公司(道格拉斯)DC-9-30/40/50
D91	60-90	波音公司(道格拉斯)DC-9-10 客机
D92	75-90	波音公司(道格拉斯)DC-9-20
D93	84-115	波音公司(道格拉斯)DC-9-30 客机
D94	100-128	波音公司(道格拉斯)DC-9-40 客机
D96	107-139	波音公司(道格拉斯)DC-9-50 客机
EMB	15-21	巴西 EMBRAER 公司 110BANDEIRANTE
EMJ	70-110	巴西 EMBRAER 公司 170/190
EM2	26-35	巴西 EMBRAER 公司 120 BRASILIA
EQV		各种机型

附录七 常见机型代码

(续)

机型代码	座位数	飞机型号
ERD	44-N/A	巴西 EMBRAER 公司 RJ140
ERJ	37-50	巴西 EMBRAER 公司 RJ135/140/145
ILW	132-195	伊柳辛设计集团 IL-86
IL8	235-350	伊柳辛设计集团 IL-18
MD9	11-32	麦道 MD90 探险者
M11	112-172	波音(道格拉斯) MD-11 客机
M80	125-165	波音(道格拉斯) MD-80
M81	132-165	波音(道格拉斯) MD-81
M82	131-165	波音(道格拉斯) MD-82
M83	109-134	波音(道格拉斯) MD-83
M87	112-142	波音(道格拉斯) MD-87
M88	150-187	波音(道格拉斯) MD-88
M90	14-N/A	波音(道格拉斯) MD-90
SHB	18-19	肖特公司 SC.贝尔法斯特
SH3	30-36	肖特公司 330(SD3-30)
TU3	143-180	图波列夫设计集团 TU-134
TU5	164-210	图波列夫设计集团 TU-154
Y20	69-74	图波列夫设计集团 TU-204-214
YK2	20-40	雅可列夫设计局 YAK-42
YK4	17-N/A	雅可列夫设计局 YAK-40
YN2	48-N/A	哈尔滨飞机制造厂运 Y12
YN7	38-64	西安飞机工业公司运 Y7/MA60
YS1	85-109	纳姆公司 YS-11
14F	75-88	英国宇航公司 146 货机
141	88-94	英国宇航公司 146-100 客机
142	93-112	英国宇航公司 146-200 客机
143	75-112	英国宇航公司 146-300 客机
146	167-246	英国宇航公司 146 客机
310	169-246	空中客车公司 310 客机
312	167-222	空中客车公司 A310-200 客机
313	107-117	空中客车公司 A310-300 客机
318	112-134	空中客车公司 A318

(续)

机型代码	座位数	飞机型号
319	107-220	空中客车公司 A319
32S	123-180	空中客车公司 A318/A319/A320/A321
320	174-220	空中客车公司 A320
321	256-412	空中客车公司 A321
330	256-412	空中客车公司 A330
332	256-412	空中客车公司 A330-200
333	228-420	空中客车公司 A330-300
340	228-335	空中客车公司 A340
342	253-420	空中客车公司 A340-200
343	313-359	空中客车公司 A340-300
345	380-419	空中客车公司 A340-500
346	380	空中客车公司 A340-600
380	550-800	空中客车公司 A380-800 客机
70M	150-160	波音公司 707 混合机
703	130-219	波音公司 707-320/320B/320C/330B 客机
707	106-123	波音公司 707/720B 客机
717	126-164	波音公司 707-200
72M	126-189	波音公司 727-100 混合机
72S	92-119	波音公司 727-200/200 客机
721	145-167	波音公司 727-100 客机
722	92-189	波音公司 727-200 客机
727	109-148	波音公司 727-100/200/200 客机
73G	162-189	波音公司 737-700 客机
73H	69-79	波音公司 737-800(小翼)客机
73M	100-130	波音公司 737-200 混合机
73S	126-149	波音公司 737-200/200 改良各系列
731	106-189	波音公司 737-100 客机
732	102-145	波音公司 737-200 客机
733	144-171	波音公司 737-300 客机
734	104-171	波音公司 737-400 客机
735	110-119	波音公司 737-500 客机
736	104-189	波音公司 737-600 客机

附录七　常见机型代码

(续)

机型代码	座位数	飞机型号
737	162-189	波音公司 737 客机
738	17-189	波音公司 737-800 客机
739	270-N/A	波音公司 737-900 客机
74C	250-304	波音公司 747-200 混合机
74D	287-420	波音公司 747-300 混合机
74E	287-420	波音公司 747-400 混合机
74L	238-400	波音公司 747SP 客机
74M	374-563	波音公司 747-200/300-400 混合机
741	351-493	波音公司 747-100 客机
742	375-428	波音公司 747-200 客机
743	362-569	波音公司 747-300 客机
744	244-569	波音公司 747-400 客机
747	351-569	波音公司 747 客机
752	192-239	波音公司 757-200 客机
753	243-289	波音公司 757-300 客机
757	192-289	波音公司 757-200/300 客机
762	181-255	波音公司 767-200/200ER 客机
763	225-269	波音公司 767-300/300ER 客机
764	161-290	波音公司 767-400 客机
767	181-290	波音公司 767-200/300 客机
772	281-440	波音公司 777-200 客机
773	281-440	波音公司 777-300 客机
777	281--440	波音公司 777-200/300 客机

附录八 主要国家或地区货币三字代码表

货币代码	国家或地区	货币中文名称	货币英文名称
AFA	阿富汗	阿富汗尼	Afghani
ALL	阿尔巴尼亚	列克	Albanian Lek
ARP	阿根廷	阿根廷比索	Argentine Peso
ATS	奥地利	奥地利先令	Austrian Schilling
AUD	澳大利亚	澳大利亚元	Australian Dollar
BBD	巴巴多斯	巴巴多斯元	Barbados Dollar
BEF	比利时	比利时法郎	Belgian Franc
BGL	保加利亚	列弗	Bulgarian Lev
BHD	巴林	巴林第纳尔	Bahrain Dinar
BIF	布隆迪	布隆迪法郎	Burnudi Franc
BOP	玻利维亚	玻利维亚比索	Bolivian Peso
BRC	巴西	新克鲁赛罗	Brazilian New Cruzeiro G
BSD	巴哈马联邦	巴哈马元	Bahaman Dollar
BUK	缅甸	缅元	Burmese Kyat
CAD	加拿大	加元	Canadian Dollar
CHF	瑞士	瑞士法郎	Swiss Franc
CLP	智利	智利比索	Chilean Peso
CNY	中国	人民币元	Renminbi Yuan
COP	哥伦比亚	哥伦比亚比索	Colombian Peso
CRC	哥斯达黎加	哥斯达黎加科朗	Costa Rican Colon
CSK	捷克	捷克克朗	Czechish Koruna
CUP	古巴	古巴比索	Cuban Peso
CYP	塞浦路斯	塞浦路斯镑	Cyprus Pound
DEM	德国	马克	Deutsche Mark
DJF	吉布提	吉布提法郎	Djibouti Franc

附录八 主要国家或地区货币三字代码表

(续)

货币代码	国家或地区	货币中文名称	货币英文名称
DKK	丹麦	丹麦克朗	Danish Krona
DOP	多米尼加	多米尼加比索	Dominican Peso
DZD	阿尔及利亚	阿尔及利亚第纳尔	Algerian Dinar
ECS	厄瓜多尔	苏克雷	Ecuadoran Sucre
EGP	埃及	埃及镑	Egyptian Pound
ESP	西班牙	比塞塔	Spanish Peseta
EUR	欧洲货币联盟	欧元	Euro
FIM	芬兰	芬兰马克	Finnish Markka
FJD	斐济	斐济元	Fiji Dollar
FRF	法国	法郎	French Franc
GBP	英国	英镑	Pound, Sterling
GHC	加纳	塞地	Ghanaian Cedi
GMD	冈比亚	法拉西	Gambian Dalasi
GNS	几内亚	几内亚西里	Guinean Syli
GQE	赤道几内亚	赤道几内亚埃奎勒	Equatorial Guinea Ekuele
GRD	希腊	德拉马克	Greek Drachma
GTQ	危地马拉	格查尔	Quatemalan Quetzal
GWP	几内亚比绍	几内亚比索	Guine- Bissau peso
GYD	圭亚那	圭亚那元	Guyanan Dollar
HKD	中国香港	港元	HongKong Dollars
HNL	洪都拉斯	伦皮拉	Honduran Lempira
HTG	海地	古德	Haitian Gourde
HUF	匈牙利	福林	Hungarian Forint
IDR	印度尼西亚	盾	Indonesian Rupiah
IEP	爱尔兰	爱尔兰镑	Irish pound
INR	印度	卢比	Indian Rupee
IQD	伊拉克	伊拉克第纳尔	Iraqi Dinar
IRR	伊朗	伊朗里亚尔	Iranian Rial
ISK	冰岛	冰岛克朗	Icelandic Krona
ITL	意大利	里拉	Italian Lira

(续)

货币代码	国家或地区	货币中文名称	货币英文名称
JMD	牙买加	牙买加元	Jamaican Dollars
JOD	约旦	约旦第纳尔	Jordanian Dinar
JPY	日本	日元	Japanese Yen
KES	肯尼亚	肯尼亚先令	Kenya Shilling
KHR	柬埔寨	瑞尔	Camboddian Riel
KMF	科摩罗	科摩罗法郎	Comoros Franc
KWD	科威特	科威特第纳尔	Kuwaiti Dinar
LAK	老挝	基普	Laotian Kip
LBP	黎巴嫩	黎巴嫩镑	Lebanese Pound
LKR	斯里兰卡	斯里兰卡卢比	Sri Lanka Rupee
LRD	利比里亚	利比里亚元	Liberian Dollar
LUF	卢森堡	卢森堡法郎	Luxembourg Franc
LYD	利比亚	利比亚第纳尔	Libyan Dinar
MAD	摩洛哥	摩洛哥迪拉姆	Moroccan Dirham
MCF	马达加斯加	马达加斯加法郎	Franc de Madagasca
MOP	中国澳门	澳门元	Macao Pataca
MRO	毛里塔尼亚	乌吉亚	Mauritania Ouguiya
MTP	马耳他	马耳他镑	Maltess Pound
MUR	毛里求斯	毛里求斯卢比	Mauritius Rupee
MVR	马尔代夫	马尔代夫卢比	Maldives Rupee
MXP	墨西哥	墨西哥比索	Mexican Peso
MYR	马来西亚	马元	Malaysian Dollar
NGN	尼日利亚	奈拉	Nigerian Naira
NIC	尼加拉瓜	科多巴	Nicaraguan Cordoba
NLG	荷兰	荷兰盾	Dutch Guilder(or Florin)
NOK	挪威	挪威克朗	Norwegian Krone
NPR	尼泊尔	尼泊尔卢比	Nepalese Rupee
NZD	新西兰	新西兰元	New Zealand Dollar
OMR	阿曼	阿曼里亚尔	Oman Riyal
PAB	巴拿马	巴拿马巴波亚	Panamanian Balboa

附录八 主要国家或地区货币三字代码表

(续)

货币代码	国家或地区	货币中文名称	货币英文名称
PES	秘鲁	新索尔	Peruvian Sol
PHP	菲律宾	菲律宾比索	Philippine Peso
PLZ	波兰	兹罗提	Polish Zloty
PRK	巴基斯坦	巴基斯坦卢比	Pakistan Pupee
PTE	葡萄牙	埃斯库多	Portuguese Escudo
PYG	巴拉圭	巴拉圭瓜拉尼	Paraguayan Guarani
QAR	卡塔尔	卡塔尔里亚尔	Qatar Riyal
ROL	罗马尼亚	列伊	Rumanian Leu
RWF	卢旺达	卢旺达法郎	Rwanda Franc
SAR	沙特阿拉伯	亚尔	Saudi Arabian Riyal
SBD	所罗门群岛	所罗门元	Solomon Dollar.
SCR	塞舌尔	塞舌尔卢比	Seychelles Rupee
SDP	苏丹	苏丹镑	Sudanese Pound
SEK	瑞典	瑞典克朗	Swedish Krona
SGD	新加坡	新加坡元	Ssingapore Dollar
SLL	塞拉利昂	利昂	Sierra Leone Leone
SOS	索马里	索马里先令	Somali Shilling
SRG	苏里南	苏里南盾	Surinam Florin
SUR	俄罗斯	卢布	Russian Ruble
SVC	萨尔瓦多	萨尔瓦多克朗	Salvadoran Colon
SYP	叙利亚	叙利亚镑	Syrian Pound
THP	泰国	泰铢	Thai Baht (Thai Tical)
TND	突尼斯	突尼斯第纳尔	Tunisian Dinar
TRL	土耳其	土耳其镑	Turkish Pound (Turkish Lira)
TTD	特立尼达和多巴哥	特立尼达多巴哥元	Trinidad and Tobago Dollar
TWD	中国台湾	中国台湾元	TAIWAN,CHINA DOLLAR
TZS	坦桑尼亚	坦桑尼亚先令	Tanzania Shilling
UGS	乌干达	乌干达先令	Uganda Shilling
USD	美国	美元	U.S.Dollar
UYP	乌拉圭	乌拉圭新比索	New Uruguayan Peso

(续)

货币代码	国家或地区	货币中文名称	货币英文名称
VEB	委内瑞拉	博利瓦	Venezuelan Bolivar
VND	越南	越南盾	Vietnamese Dong
XAF	喀麦隆	中非金融合作法郎	Central African Finan-Coop Franc
XAF	乍得	中非金融合作法郎	Central African Finan-Coop Franc
XAF	刚果	中非金融合作法郎	Central African Finan-Coop Franc
XAF	加蓬	中非金融合作法郎	Central African Finan-Coop Franc
XAF	中非	中非金融合作法郎	Central African Finan-Coop Franc
XOF	塞内加尔	非共体法郎	African Financial Community Franc
XOF	上沃尔特	非共体法郎	African Financial Community Franc
XOF	科特迪瓦	非共体法郎	African Financial Community Franc
XOF	多哥	非共体法郎	African Financial Community Franc
XOF	贝宁	非共体法郎	African Financial Community Franc
XOF	尼泊尔	非共体法郎	African Financial Community Franc
YDD	民主也门	也门第纳尔	Yemeni Dinar
YER	阿拉伯也门	也门里亚尔	Yemeni Riyal
YUD	南斯拉夫	南斯拉夫新第纳尔	Yugoslav Dinar
ZAR	南非	兰特	South African Rand
ZMK	赞比亚	赞比亚克瓦查	Zambian Kwacha
ZRZ	扎伊尔	扎伊尔	Zaire Rp Zaire
ZWD	津巴布韦	津巴布韦元	Zimbabwe Dollar

附录九 世界主要航空分销系统代码

代　码	英文全称	范　围
1A	AMADEUS	欧洲
1E	eTerm	中国
1F	INFINI	日本
1G	GALILEO	欧美
1J	AXESS	日本
1P	WORLDSPAN	美国
1T	TOPAS	韩国
1W	SABRE	美国
1X	GETS	美国

参 考 文 献

[1] 陆东. 民航订座系统操作教程[M]. 北京：中国民航出版社，2009.

[2] http://www.szcares.com/.

[3] http:// cs.travelsky.com/.

[4] http://www.eterm.com.cn/.

[5] htpp://www.carnoc.com/.